1판 1쇄 발행 2013년 11월 14일
1판 3쇄 발행 2014년 1월 17일

지은이 최연숙
펴낸이 김영곤 **펴낸곳** (주)북이십일 21세기북스
출판등록 2000년 5월 6일 제10-1965호
부사장 임병주
책임개발 탁수진
표지·내지디자인 손성희 정란
영업·마케팅본부장 이희영
영업 장명우 유선화
마케팅 김현섭 최혜령 강서영
주소 (우 413-756) 경기도 파주시 회동길 201(문발동)
전화 031-955-2400(마케팅), 031-955-2444(기획편집)
팩스 031-955-2177
홈페이지 www.book21.com
21세기북스 트위터 @21cbook **페이스북** 21cbooks

ISBN 978-89-509-5273-0 13180
값 14,000원

엄마가 먼저 행복해져라♥

엄마가 먼저 행복해져라

이제 소중한 '나'를
세상의 중심에 우뚝 세워라

최연숙 지음

21세기북스

이 세상 모든 여성을 응원합니다

지난 여름 후배들 십여 명을 모아 선후배 간의 간담회 형식으로 함께하는 시간을 마련한 적이 있습니다. 뒤돌아보면 나의 성공 뒤에는 많은 사람들의 도움이 있었다는 생각이 들어 나 또한 누군가에게 도움이 되고 싶다는 마음이 들었기 때문입니다.

그날 제 미니 강의의 주제는 '귀인'이었습니다. 사람에게는 좋은 인간관계가 필요하며, 특히 귀인을 만나면 성공으로 가는 길이 단단하고 빨라질 수 있다고 말해 주었습니다. 그리고 내 곁에 가까이 귀인이 있어도 발견하지 못하는 우를 범하지 않게 혜안을 길러놓아야 한다는 말도 해 주었습니다. 또한 귀인은 귀인 곁에 있기 쉬우니 귀인을 만나려면 나 또한 귀인이 될 수 있도록 노력해야 한다는 말도 덧붙였지요.

후배들은 두 시간이나 이어진 내 이야기에 귀를 기울여 주었는데 유독 고개를 끄덕이며 공책까지 펼쳐놓고 강의실의 대학생처럼 열심히 듣던 후배가 있었습니다. 내 강의가 끝나자 후배는 나에게 노란 표지로 된 《10살 전 꿀맛교육》이라는 이름의 책 한 권을 내 놓으며 또박또박한 목소리로 힘주어 말했습니다.

"선배님, 뵙게 되어 정말 감사합니다. 오늘 말씀 가슴에 새기고 저도 꼭 다른 사람들에게 귀인이 되도록 노력하겠습니다. 저는 이 책의 저자이며 현재는 부모교육 강의를 하고 있습니다. 그러나 강의 영역을 확대해 다른 사람들을 행복하게 해주는 강사가 되고 싶습니다. 아직은 부족하지만 선배님을 제 귀인으로 모시고 열심히 부족한 부분 배워가며 노력하는 사람이 되겠습니다" 밝은 표정이지만 묵직한 의지가 숨어있다 여겨 기특하게 보았던 그 후배가 그 후 자신의 생각을 담은 책을 냈다고 하니 반갑기 그지없습니다.

보내준 원고를 읽으며 아이를 키우는 엄마들뿐 아니라 행복하기를 바라는 모든 대한민국의 사람들이 읽어보면 좋겠다고 생각하였습니다. 겉으로는 평화로운 모습이었는데, 시부모님을 모시고 세 아이를 키우며 완고한 남편과 살면서 직장생활까지 했다 하니 정말 놀랐습니다. 더구나 그런 어려운 환경에서 사교육 없이 위로 두 아이를 명문 대학에 진학시켰다는 열정에 감동하였습니다.

후배의 별명인 스트레스 제로가 거저 생긴 것이 아니라 철저한 자기 의지에 의해 만들어진 결과라는 것을 느끼며 선배로서 나도 여러 가지를 실천해봐야겠다 생각하기도 했습니다. 입으로 말하는 행복 이론은 어느 곳에서든 들을 수 있고 글로 적는 스트레스 퇴치법은 어디나 난무한 세상이지만 이렇게 매 순간 스스로 자신이 직접 살아 낸 이야기를 대하는 것은 쉽지 않은데 모든 이론이 자신이 실천해 낸 생명력 있는 주장이라는 데에 놀랍기만 합니다.

특히 스크릿이라 이름 붙인 5단원의 실천법은 누구나 따라 하면 금방이라도 행복해질 것 같은 좋은 방법들이라 여겨 저 또한 가까이 두고 우울한 기분 들 때마다 펼쳐봐야겠다 생각하였습니다. 나름의 긍정적 생각으로 어려운 문제들을 즐겁게 풀어가는 지혜가 책의 구석구석에 스며있어 현대병이라 일컫는 스트레스가 이 책을 읽으면 한 방에 사라질 거라는 즐거운 예감이 듭니다. 자랑스러운 후배가 부디 세상의 많은 사람들에게 소중한 귀인으로 다가가기를 바라며 행복한 마음으로 이 책을 추천합니다.

중앙공무원교육원 원장 윤은기

스트레스 제로 여자

《10살 전 꿀맛교육》 책을 쓰고 강의를 하게 된 지도 7년이 되었다. 감동과 구체적 실천 방법을 주는 인기강사라는 즐거운 평도 듣는 나름 경력 있는 강사지만 강의장에만 들어서면 처음처럼 설렌다. 오늘은 어떤 예쁜 마음 밭 가진 엄마를 만나 희망의 씨를 심고 올까 하는 마음에서이다.

꼭 들려주고 싶은 말이 내 안에 간절히 있어 오랜 시간 강사를 꿈꾸었는데 실제로 강사가 되어 보니 생각했던 것보다 더 큰, 강사라는 직업이 가지는 영향력에 대해 놀랐다. 많은 엄마들이 그대로 듣고 따라하고 있었던 것이다. 행복한 교육법을 배우고 싶어 하는 그들의 눈을 보며 점점 강의 내용에 현실적 대안을 모두 담아 달콤한 교육뿐 아니라 행복한 인생을 사는 묘안을 들려주고 싶어 하는 나를 발견했다.

교육 내용 사이사이 여자로서 아내로서 며느리로서 행복할 수 있는 방법을 들려주면 너무나 좋아해서 두 시간의 강의 시간을 훌쩍 넘겨버리는 날도 많았다. 그러면서 그들에게 부모교육 강사로 뿐만 아니라 따뜻한 인생의 선배로 힘이 되어주고 싶다는 생각을 했다.

강의를 마치고 마무리 멘트로 "어떤 힘든 환경에 처하게 되어도 엄마는 아이의 바람막이가 되어주어야 합니다. 모든 환경은 엄마의 정성과 사랑으로 극복될 수 있습니다"라고 말해주는데 늘 조금은 허전하다. 시간이 없어 좀 더 구체적인 사례를 들어 문제를 극복하는 방법을 들려주지 못해서다.

아이와 가족에 대한 사랑과 정성이 솟아나려면 주부의 자기사랑이 먼저 있어야 한다는 것도 얘기해주고 싶고, 세상은 나에게 유리한 환경만을 만들어 주는 것이 아니므로 마음 준비도 필요하다고 말해주고 싶다. 돌이켜 보면 나에게는 환경과 맞서 나를 지켜내는 특별한 자기사랑 방법이 있었다. 그리고 그 방법들이 어려운 여건 속에서도 달콤한 육아를 가능하게 해주지 않았을까 생각해 본다.

환경에 무방비 상태로 나를 두지 않고 의지를 갖고 맞서겠다는 각오가 보이는 것이 내 아이디이다. 39세에 늦둥이 귀공이를 낳고 1년 뒤 나는 인터넷을 알아 아이디를 만들게 되었는데 이름을 해피지기(happyjigi)라고 지었다. 행복은 내 노력으로 지켜가는 것이고 나는 어떤 어려움이 닥쳐도 내가 사랑하는 사람들의 행복을 지켜가는 행복지킴이가 되겠다는 의지의 표현이었다. 늦둥이를 낳아 7식구가 되자 직장 일과 집안 일로 버거워 몸도 마음도 지치고 힘이 들었다. 문득 내 몸과 정신이 나약해지면 가족들을 지켜낼 수 없다는 생각이 들어 내 의지를 다진 이름이었다.

내 별명 '스트레스 제로'에 관한 이야기도 그런 내 사고 덕에 얻게 된 별명이다. 몇 해 전 남편과 건강검진을 받으러 병원에 갔을 때였다. 스트레스 측정기라는 신기한 기계가 있었다. 머리에 헤드폰 같은 걸 쓰고 뭔가 신호를 받게 되면 그에 따라 내 몸이 보이는 반응으로 수치를 측정한단다.

호기심 많은 나는 그 기계를 써보았는데 간호사는 내 몸의 반응표를 읽고는 웃으면서 말했었다. "현대인으론 갖기 어려운 수치예요. 제로네요" 그날 이 후 '스트레스 제로'는 내 마음에 쏙 드는 내 별명이 되었다. 생각해 보면 나는 단 한 순간도 편안하고 유복한 환경이었던 적이 없다. 그런 환경 속에서 그런 예상 밖 숫자의 결과를 얻었다면 내 뇌 구조에 남들과 다른 거름장치가 있거나 다른 각도로 해석해내게 하는 생각 인자가 들어있는 것이다.

그것은 오랜 시간 나에게 닥친 문제를 해결해가는 과정에서 몸으로 터득한 해결법이며 그 방법들이 나에게 닥친 적지 않은 문제들을 이겨내게 한 힘이 되어준 것이다. 이 세상에서 내 마음을 흡족하게 만들어주는 환경은 없는 법, 대상이 내 마음에 들기를 바라기보다 내 마음의 창을 바꾸어 내 마음에 들게 보는 노력이 중요하다. 힘든 순간들을 만나도 자기사랑으로 지은 마음창으로 잘 걸러내어 즐거움으로 승화시킨 내 이야기를 들려주고 싶다. 내 식의 해석 방법과 엉뚱한 생각이 때론 지나친 합리주의자라는 비난을 갖고 올지라도 결과적으로 간호사의 눈을 동그랗게 뜨게 한 '스트레스 제로'라는 수치를 얻게 했다면 제법 호소력 있는 치유법이 아닌가. 우리는 모두 행복할 권리가 있다. 또한 가족의 가장 중심에 있는 안주인으로서 스스로를 행복하게 만들어 가야 할 책임과 의무도 있다. 내가 행복해야 달콤한 교육을 할 수 있고 밝은 아이들의 웃음이 있어야 즐거운 가족을 만들 수 있기 때문이다.

PART 1 엄마의 생각이 행복해야 행복하게 생각하는 아이로 키운다 · 16

PART 4 행복한 며느리 되기는 생각보다 쉽다 · 158

PART
01

엄마의
생각이 행복해야

행복하게 생각하는

아이로 키운다

세상을 살아가다보면 피할 수 없는 시련도 있다. 그럴 때 그 시련조차 즐겁게 받아들이는 나만의 방법이 있다. 어느 잡지에서 읽은 '세상을 사는 세금'이라는 표현을 기억하는 것이다.

고통은 세상을 사는 세금이다

우리는 편리함을 즐기는 것들에 대해 언제나 대가를 지불하며 산다. 핸드폰을 사용하면 사용 요금을 내고, 교통수단을 이용할 때도 요금을 대가로 지불한다. 가전제품으로 편리한 생활을 즐기는 대가로 우리는 전기요금을 낸다. 우리에게 거저 주어지는 것은 거의 없어 보인다.

그러나 가만 생각해 보면 무상으로 누리는 것들은 세상에 너무도 많다. 눈부신 햇빛, 맑은 공기 그리고 빛나는 아이들의 미소를 우리는 아무 대가를 지불하지 않고 거저로 만끽한다. 공짜는 세상에 없는 거라는 기준에서 정리해보면 내가 가진 힘든 순간들은 그것들을 갖기 위해 지불해야 하는 세금쯤으로 여기면 된다.

나에게 어려움이 닥쳤을 때, 늘 나는 그것들을 세금으로 생각했다. 나는 그보다 좀 더 힘들어도 된다고 생각했다. 나에게는 참 감사한 것들이 많기 때문이다. 내 나이 또래면 대학 못 간 사람들도 많은데 대학도 다녔고, 아이를 못 낳는 사람도 많은데 아이가 셋이나 있고, 맏며느리면 아들 하나 있어야 시부모님이 좋아하시는데 아들도 양념으로 있다. 그리고 내 영원한 스폰서인 엄마가 든든하게 지지해주고 계시고, 시부모님 건강하게 곁에 계신다. 무엇보다 감사한 건 사계절이 예쁜 우리 집. 오래 전부터 마음속에 그리던 거실에서 자연만 보이는 우리 집은 대출 이자만 꼬박꼬박 내면 평생 이사 안 가도 된다.

내 직업도 그렇다. 모두가 꿈꾼다고 쉽게 이루어지는 것도 아닌데 20년도 넘게 꿈꾸던 부모 교육 강사라는 직업도 나에게 고맙게 주어졌다. 보잘것없는 내 이야기를 듣고 감동했다고 감사 인사를 하는 아이 엄마들도 계시니 정말로 감사하다. 그리고 강사의 필수조건인 명랑한 목소리와 건강한 체력까지 갖추었으니 생각할수록 감사하지 않을 수 없다.

남들은 한 가지도 갖기 어려운 것들을 나는 한꺼번에 너무나 많이 가졌으니 이 모든 걸 대가 없이 누리기만 한다면 그건 공평하지 않다. 그래서 이것들을 즐기는 대가로 나는 내가 지불해야 하는 힘든 순간들을 세금이라 생각해 버리기로 했다. 힘든 순간들이 다가오면 "맞아, 세금 내야지" 생각하고 가볍게 받아들이니 스트레스라는 놈이 슬슬 공격하려다가 도망가 버린다.

끝없이 일어나는 문제들을 해결해가며 우리는 살아간다. 그런데 적극적인 의지를 갖고 우리에게 일어나는 문제들을 살펴보면 대부분 우리들의 노력으로 해결할 수 있다. 그런데도 상황 탓을 하며 제자리에 머물러 있는 사람들도 많다. 문제를 만나기 전부터 마음속으로 "모든 문제는 해결할 수 있어!"라고 강하게 무장하고 있으면 문제를 해결하기가 훨씬 쉽다. 그 점을 이용해 나는 자주 아이들을 세뇌한다.

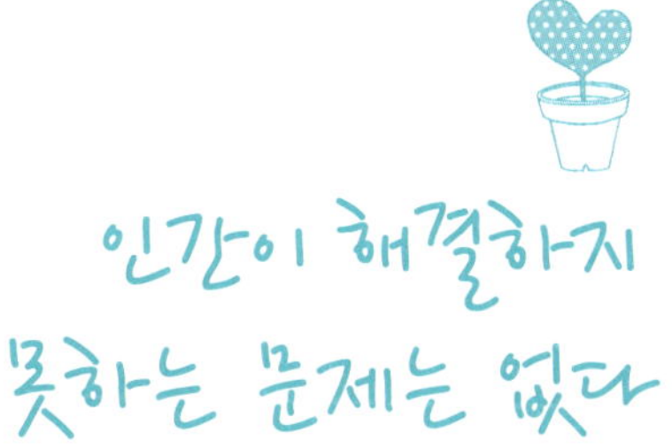

인간이 해결하지 못하는 문제는 없다

아이들이 울적한 얼굴을 보이면 나는 아이들을 불러 큰 소리로 묻는다. "사람의 힘으로 해결할 수 없는 것은 몇 가지?" 그러면 아이들은 씩씩하게 대답한다. "두 가지! 죽음과 불치의 병!" 엄마의 세뇌에 의해선지 정말 그렇게 생각해선지 1초도 망설이지 않고 대답한다. 그렇다. 나는 그렇게 생각한다. 이 세상에 인간이 노력해서 안 되는 일은 없다고 믿고 있다. 안 되는 일이 있다면 그건 덜 간절한 것이고 덜 노력한 것이다.

생각해보면 내가 이렇게 당당히 주장할 수 있는 것은 나에 대한 믿음이 있기 때문이다. 자기에 대한 신뢰를 뜻하는 자신감은 문제를 해결하는 가장 중요한 열쇠다. 이것은 정신 수련이나 의지만으로 이루어지는 것은 아니며 작은 성취들의 반복으로 내 안에서 길러지는 것이다.

지금까지 살면서 대부분의 사람들처럼 나도 참으로 크고 작은 문제들을 만나 해결하려고 애쓰며 살아왔다. 하지만 아무리 어려워보이는 문제여도 단 한 번도 그것에 굴복해 좌절한 적은 없다. 죽음과 불치의 병 말고는 모두 인간의 노력으로 해결이 된다고 믿고 있기 때문이다.

믿음과 자신감이 강할수록 문제는 쪼그라들고 그 문제를 해결해 낼 수 있는 힘이 더 강하게 솟아난다. 주변 환경도 내 안의 해결 의지가 강하면 해결을 도와주는 방향으로 바뀐다. 문제를 만나면 갖게 되는 기분, 슬픔, 우울함, 실망스러움, 분노 등은 문제를 해결하는 데 아무 도움이 되지 않는다. 빨리 그 감정에서 벗어나 문제를 정면으로 직시해 해결 방법을 찾는 것이 낫다.

평소와는 달리 문제를 만나면 나는 냉정하고 침착해진다. 어떤 책에서 읽은 인상적인 글 한 토막. 한 남자가 자신에게 무슨 문제가 있어 인생이 잘 풀리지 않는지 알고 싶다고 상담을 요청해왔다. 상담자는 탁자 아래 녹음기를 감춰두고 그의 말을 들었다. 그리고 내일 다시 오면 답을 알려주겠다고 했다. 다음날 상담자는 그에게 말한다. "당신의 말을 녹음했더니 '만약 그때 내가 이랬다면', '만약 그때 그 말을 듣지 않았다면' 등 'if~ not'이 26번이나 들어 있었습니다. 이 말을 'next time'으로 바꿔보세요. '다음엔 절대 그런 실수를 반복하지 않겠다'로 바꿔 새로운 눈으로 세상을 보세요. 당신의 문제는 과거를 돌이켜 후회하는 데에 너무 초점이 맞춰져 있다는 겁니다"

지나간 시간은 소중한 경험이 되어주는 것으로 가치 있다. 그러나 너무 지나치게 과거에 집착해 후회와 반성만 하고 있으면 추진력을 갖지 못한다. '만약 그때 그랬었다면'이 아니라 '다음에는 이래야겠다'로 받아들이고 어떻게 문제를 해결할 것인지에 집중한다. 문제의 형태는 여러 가지이겠지만 적극적인 해결 의지를 갖고 방법을 생각한 다음 그대로 행동으로 옮기는 실천력만 갖고 있다면 모두 해결해 낼 수 있다.

사람과의 관계에서 생기는 문제라면 솔직하게 털어놓고 자신의 마음을 이야기해 풀어 가면 된다. 당장 해결할 수 없는 문제라면 같이 시간을 두고 해결해 가기 위해 애쓰면 된다. 얼굴을 맞대고 해결점을 찾아 서로가 조금씩 양보하여 의견을 좁혀가다 보면 어느 새 해결점에 다다르게 된다. 나를 내려놓고 겸허한 자세로 문제를 맞이하면 어느 구석에서든 해결점은 보인다. 돈이 없으면 벌러 나가면 되고 돈을 많이 못 벌면 알뜰하게 살면 된다. 죽음과 현대 의학이 아직까지 해결하지 못한 불치병 말고 인간의 노력으로 해결하지 못할 일은 없다.

내 기준으로 보면 항상 행복하다

어느 해 여름. 푹푹 찌는 한낮 더위에 가족과 먹으려고 아들을 데리고 슈퍼에 가 수박을 하나 사왔다. 제법 큼직한 것이었는데 냉장 보관돼 바로 먹을 수 있게 해 두어선지 만 원이 넘었다. 만이천 원에 한 덩이 사서 가족들과 시원하고 달콤하게 정말 잘 먹었다.

오후 시간, 주부들이 반찬거리를 사러올 때쯤이었다. 아들이 호들갑을 떨며 방으로 들어와 말한다. "엄마!! 우리 망했어요. 글쎄 아까 우리가 낮에 사왔던 그 수박 있죠? 그거 지금 세일해요. 자그마

치 우리가 산 가격보다 3,000원이나 적은 9,000원에. 아이고, 아까
워라~~"

"수박 사 가세요~ 12,000원하던 수박이 9,000원입니다~~" 하는
소리를 들었나보다. 난 대수롭지 않게 "우리가 손해냐? 지금 사는
사람들이 이득이지!"라고 아들에게 말했다. "이그. 엄마다운 발상이
군요" 하며 제 방으로 가버린다. 가끔 우리는 평가의 기준을 자신보
다 타인에게 두어 마음 힘들어 하는 경우가 많다. 나의 현재 모습,
나의 환경을 기준 시점으로 두어 나보다 더 가진 사람, 더 좋은 결
과들을 이루어낸 사람을 축하해주기보다 타인이 얻은 부분에 시선
을 두어 나와 비교해보고 상대적으로 내가 덜 얻고 있음을 손해라
고 생각하며 기분 상해한다.

다른 사람의 기준에 맞추어 나를 비교하면 행복은 상대적인 것
이 되므로 유동적이고 불안정하며 특정 소수만 행복하다. 그러나
나를 기준으로 삼고 어제보다 조금씩이라도 나아진 내 모습에 만
족할 수 있다면 어제도 오늘도 행복할 수 있다. 그런 사람은 타인을
보며 쫓기듯 허둥대며 불만족스런 삶을 사는 것이 아니라 늘 조금
씩 발전된 삶을 살게 되므로 행복지수를 얼마든지 안정적으로 높여
간다.

또한 행복하다고 느끼는 감정이 주관적이듯 물건의 가치도 가격
으로 비교될 수 없다. 낮에 더위가 한창일 때 가족 모두가 갈증과

더위를 식히기 위해 구매했을 때와 가격이 조금 내렸어도 효용가치가 덜했을 때의 가치는 다른 것이다. 그러므로 그 가격이 전과 달라진다 하여 내가 손해를 본 건 결코 아니며 나보다 좀 더 저렴한 가격으로 같은 물건을 구매한 사람에게는 그 사람 몫의 이익이라 축하해주면 된다.

공부 잘하고 말 잘 듣는 아이를 가진 엄마와 비교해 마음 상해할 필요가 없다. 아이들이란 거저로 자라는 건 아니니 그 엄마는 그 보답을 받고 있는 것이라고 축하해주면 된다. 그리고 내 아들과 함께 어제보다 나은 내일을 만들기 위해 노력하면 된다. 행복은 내 시각만 바꾸면 우리들 아주 가까이에서 넘치게 보인다.

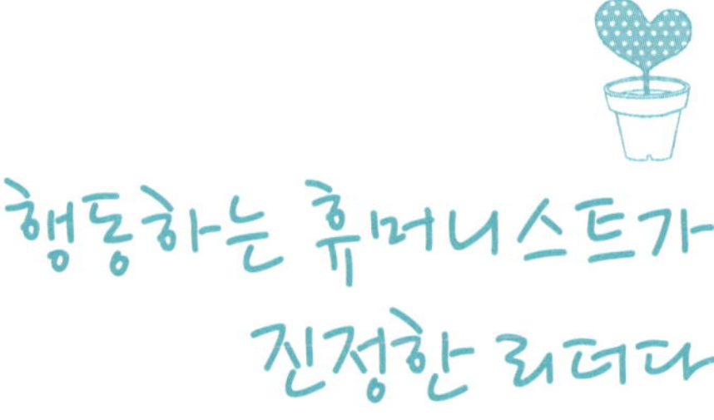

행동하는 휴머니스트가
진정한 리더다

초등학교 교과서에 나오는 〈버려진 고양이〉라는 동화의 줄거리
다. 어떤 아이가 길에서 피를 흘리고 쓰러져있는 고양이를 발견하고
안타까운 마음에 수의사에게 가서 고양이를 치료해 달라고 말한다.
그러자 의사는 바쁘니 갈 수는 없고 고양이를 데리고 오면 치료를
해주겠다고 한다. 아이는 피를 흘리는 고양이를 만질 수가 없어 그
냥 집으로 돌아온다.

아이의 언니가 안절부절 못하는 동생에게 이유를 묻고 사정 이야

기를 듣는다. 두 자매는 서둘러 고양이에게로 갔지만 고양이는 어디로 갔는지 없다. 그때 언니는 동생에게 말한다. "너처럼 고양이를 생각해 수의사에게 가서 부탁도 하고 나를 데리고 여기까지 온 사람이나, 피를 흘리든 말든 본 체도 않고 지나간 사람이나 고양이 입장에서는 똑같아. 너처럼 동정만 하고 행동은 하지 않는 사람을 죽은 휴머니스트라고 하는 거야"

초등학교 국어 교과서에 나오는 용어치고는 참 심오하다 생각했다. 그리고 나는 그와 반대되는 의미의 '행동하는 휴머니스트'라는 말을 만들어 가슴에 품었다. 누군가 힘들어하는 사람이 있다면 한 발 멀리 서서 동정만 할 것이 아니라 직접 뛰어들어 함께 아파하고 함께 문제를 해결할 수 있게 노력하겠다고 다짐했다.

지난 해 J출판사에서 지능계발 프로그램을 개발하고 나에게 추천사를 써달라고 부탁해 왔다. 살펴보니 교재가 단순하면서도 아이들의 지적 자극을 높여주기에 적합하게 구성되어 있고, 꿀맛교육의 중요 요소인 칭찬과 엄마와의 애착 관계 형성에 도움을 줄만한 것이어서 추천사를 써주었다. 그 출판사에서 얼마 전 코엑스 영재학습박람회에 출품하여 4일간 행사를 한다고 시간이 되면 들러달라고 하였다.

아무리 좋은 의도를 가지고 우수하게 만들어진 상품이어도 제대로 판매가 되지 않아 사그라진 물건이 얼마나 많은 세상인지 나는 알고 있어서 홍보를 자원했다. 잠시 시간되면 얼굴만 보여 달라고 했는데 4일을 모든 스케줄을 뒤로 하고 효과적인 제품 사용법 설명, 미니 육아상담, 현장 내 부모 강의까지 해주었다. 출판사측에서는 무보수의 내 봉사에 정말 감사해하며 고마워 어쩔 줄 몰라했다.

"아, 박람회 출품하셨군요. 잘되시길 바랍니다"는 죽은 휴머니스트다. 그러나 행동하는 휴머니스트는 상대방이 정말로 원하는 곳 속으로 뛰어들어가야 한다. "제가 직접 홍보를 도와드릴게요. 강의도 하겠습니다. 많은 어머니들에게 알려져서 살아남아야 좋은 교재로 오래 보급될 수 있습니다. 힘내세요. 내일은 제가 격려 차원에서 김밥을 직접 싸오겠습니다. 제가 김밥을 잘 만들거든요" 그리고 새벽에 일어나 김밥을 준비해 행사장에 갖고 가서 출판사 직원들과 같이 나누어 먹었다. 내 마음 속의 결심인 '내 능력이 닿는 한 나는 행동하는 휴머니스트가 된다'를 실천하였던 것이다.

대학 1학년 때 철학교수가 말했다. 인생은 문제 해결의 과정이라고. 살다보니 그 말이 정답이다. 끝없이 일어나는 문제를 해결해가며 우리는 살아간다. 나는 나에게 문제가 일어날 때 찡그리거나 투덜대지만은 않는다. 내 능력을 키우라고 주는 선물이라 생각한다. 너무 버거운 것은 힘에 부치기도 하겠지만 나는 나에게 닥친 문제들을 해결하면서 새로운 경험들을 얻고 싶고 그 경험을 능력으로 바꾸어 갖고 싶다.

내가 사랑하는 사람들이 힘들어하는 문제를 만났을 때 동정만 하고 있는 죽은 휴머니스트가 아니라 그들이 진정 원하는 명쾌한 해답을 줄 수 있는 행동하는 휴머니스트가 되고 싶기 때문이다. 물에 빠진 사람을 구하려면 내 옷이 젖어야만 한다. 나는 모든 사람들의 스트레스 제로를 도와주기 위해 신나는 게 뭐 없을까 언제나 궁리하고 두리번거리는 행복한 휴머니스트이다.

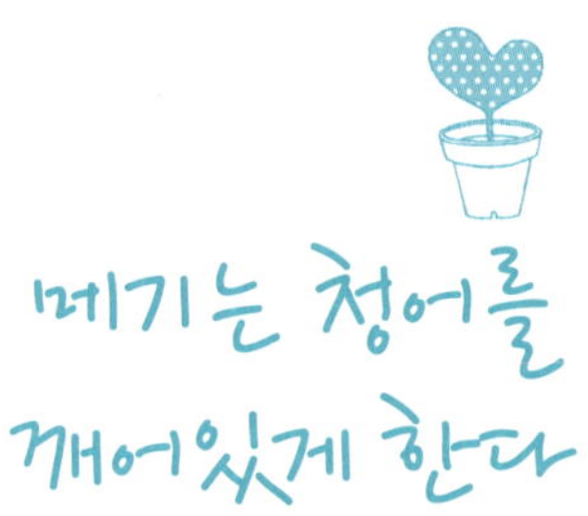

메기는 청어를 깨어있게 한다

영국의 원양어선이 고기를 잡아 뭍으로 돌아오는 데는 오랜 시간이 걸린다. 그중 유독 청어라는 고기는 그냥 수족관에 놓아두면 다른 물고기보다 빨리 죽는다고 한다. 그런데 이 청어를 뭍에 돌아올 때까지 살아있게 하는 방법이 딱 하나 있다. 바로 청어의 천적 메기와 함께 두는 것이다. 청어는 메기에게 잡아먹히지 않으려고 기를 쓰고 도망다닌다. 그러니 죽을 여유가 없어 살아 돌아온다는 것이다. 어디에선가 이 글을 읽고 나도 궁금했던 내 사그라들지 않는 열정에 대한 답을 찾았다. 나에게는 메기가 너무 많은 것이었다.

"에미야. 참기름 짜러 모란시장 가자!"

"엄마, 학교에서 가족신문 만들라고 했는데 문방구 같이 가요!"

"나 내일 출장 간다. 준비해줘!"

조름과 요구가 많으면 조름당하는 사람과 요구받는 사람은 늘 깨어있게 된다. 긴장 풀 여유가 없어 살아있는 청어가 된다. 그런데 사람 메기만 있는 것이 아니다. 집안일도 메기가 되어 청어를 쉴 없이 따라다니며 깨어있게 한다. 이 과정에서 청어는 자기도 모르는 사이에 눈은 더욱 초롱해지고 행동은 민첩해지며 오랜 시간 견뎌낼 수 있는 지구력을 갖게 된다. 메기의 공격을 받으며 늘어난 폐활량으로 어떤 힘든 상황에서도 쉽게 지치지 않는 강건한 체력이 된다.

모든 것이 충족되어 더 이상 필요한 게 없고, 돌보아야 할 가족이 적고, 문제가 없다면 자신도 모르는 사이에 느슨해지고 긴장이 풀리며 지구의 중력에 저항 없이 이끌리게 된다. 앉았다 누운 자세로 바뀌며 점점 아래로 처지게 되어 메기의 공격에 힘없이 굴복하게 된다.

가족들의 조름이 심해질수록, 해야 할 일들이 많을수록 더 생생한 정신이 되어 그 일들을 마치려고 긴장하게 되고 그 과정에서 나는 달콤한 성취감을 맛보곤 한다. 나는 바빠지면 속으로 외친다. "메기들! 공격할 테면 해 봐라"

바라보는 각도를 조절하면 모두가 행복하다

애꾸왕이 있었다. 자신의 초상화를 가장 잘 그리는 사람에게 큰
상을 준다고 하였다. 화가들이 몰려들었다. 첫 번째 화가는 정면에
서 왕의 모습과 똑같이 그렸다. 애꾸눈을 가진 자신의 모습이 그대
로 드러난 초상화를 보고 스스로가 봐도 흉측스러웠던 왕은 만족
하지 못했다. 두 번째 화가는 왕의 애꾸눈을 정상 눈으로 그렸다.

이 초상화도 왕의 마음에 들지 않았다. 자신의 얼굴이 아니었기 때문이다. 세 번째 화가가 나서서 왕의 초상화를 그리겠다고 하였다. 그는 왕의 정상 눈 쪽에서 옆 얼굴을 그렸고 왕은 흡족하여 큰 상을 내렸다. 자신의 얼굴이 맞으니 거짓도 아니고 모습 또한 조금도 흉하지 않았기 때문이었다.

사람은 누구나 단점과 장점을 가지고 있다. 완벽하게 좋은 점만 가진 사람은 드물다. 그러므로 상대방이 가진 단점을 크게 보기보다 장점 쪽에서 바라보아 가려진 단점은 슬쩍 눈감고 지나가주는 노력도 필요하다. 내가 누구를 비난하고 탓할 만큼 완벽한가 물었을 때 그렇다고 말할 수 있는 사람은 드물다. 나 또한 그렇다. 다양한 사람들 앞에서 도움이 되는 이야기를 들려주어야 하는 직업이다 보니 나도 모르게 마치 내가 장점만 많은 사람인 것처럼 이야기하고 온 듯해 강의 마치고 나면 미안해질 때가 많다.

교육쪽 강의이니 그 점에서는 타인들이 본받을 만한 점을 말할 수 있겠지만 다른 분야까지 자랑할 만한 것들만 갖고 있는 것은 아니라는 걸 내가 잘 알기 때문이다. 특히 강의 중 남편의 이야기 몇 가지가 나오는데 대부분 내가 아이들을 가르칠 때 방해 요인이 되었던 이야기들이다. 결국 나는 나의 장점만 이야기하고 남편은 단점만 이야기한 셈이다.

그러나 사실 나는 정상 눈 쪽에서 이야기의 각도를 잡은 것이고 남편은 애꾸눈 쪽에 시선을 두고 표현한 것이다. 나에게 숨어있는 애꾸눈과 그에게 숨어있는 좋은 모습은 언급을 하지 않은 것이다. 부부 사이든 친구 사이든 단점이다 싶은 것은 실눈을 뜨고 안 본 척, 모르는 척 넘겨버리는 지혜도 필요하다. 누가 나를 그렇게 좋은 모습만 보면서 살갑게 대해주면 기쁘듯이.

그러다보면 어느 날 신기한 일이 생기기도 한다. 내가 굳이 단점이라고 지적하며 애써 고치려고 상대방을 기분 상하게 하면 절대 고쳐지지 않던 상대방의 단점이 내가 못 본 척, 안 본 척 지나가 버리면 어느 날 스스로 없애기도 한다. 그리고 너무 완벽한 것보다 조금은 부족해 보이는 부분이 있는 것이 그 사람에게도, 다른 사람에게도 여유가 있어 좋다. 지나치게 부족함이 없어 내가 들어가 채워줄 공간이 없으면 서로의 결속력은 덜해진다. 적당히 단점은 눈 감고 부족하다 여겨지면 내가 채워주고, 장점은 크게 보아 칭찬해주며 살아가는 것이 좋다.

마음틀 모양에 따라 다른 모양의 결과물이 나온다

지난 추석날이었다. 아버님이 감기에 걸리셔서 어머니와 약을 사러 동네를 돌아다녔는데 문이 열려있는 약국이 없어 그냥 돌아왔다. 그동안 남편이 자기가 먹던 감기약을 아버님께 드렸나보다. 빈손으로 돌아온 어머니께 아버님은 밝은 얼굴로 "아들 약 먹었어" 하신다. 어머니는 "약은 주인이 먹어야지 왜 아들 약을 먹었어요?" 하시는데 해맑은 미소를 지으시며 아버님이 말씀하셨다. "어, 고마워"

귀가 어두우신 아버님은 "그러셨어요? 잘하셨어요"라고 들으신거다.

아버님이라면 그 상황에서 그렇게 말씀하셨을 테니까. 알 권리, 이해할 권리를 따지며 항상 아버님의 통역을 자처했던 나는 아무 말도 하지 않았다. 행복한 오해가 때로는 비참한 이해보다 낫다는 것을 알고 있기 때문이었다. 아버님의 마음틀 모양은 부드럽고 온화해서 왠만한 소리는 모두 곱게 걸러진다. 팔순이 넘어도 건강하신 아버님의 비결은 그 마음밭 모양틀이다.

어떤 소리든 곱게 걸러내시고 어떤 상황이든 좋게 받아들이신다. 굳이 귀가 어둡지 않아도 같은 말에 다르게 반응하는 경우는 주변에 많다. 푸른색 직진 신호등이 켜졌는데 잠시 다른 곳을 보다가 가지 않고 있을 때 뒤에서 울리는 자동차의 경적 소리를 듣고 어떤 사람은 "성질 되게 급하네. 간다! 가!" 하는 사람이 있는 반면 "죄송합니다, 고맙습니다"라고 말하는 사람이 있다. 내 마음밭을 긍정의 화원으로 키워 가면 밝고 환한 꽃들이 핀다. 그런 밭을 가진 사람을 가까이 하고 있으면 같이 즐겁고 행복하지만 가장 행복한 사람은 그 밭의 주인이다. 모난 마음밭은 스스로를 상처 입히지만 둥근 긍정의 마음밭은 언제나 주인을 상처내지 않고 건강하게 지켜주기 때문이다.

도전은 결과에 상관없이 무조건 이익이다

성적이나 왕따 문제 등으로 옥상에 가서 아래로 뛰어내렸다는 아이들의 기사를 읽으면 가슴이 멎어버린다. 그 아이의 엄마 마음이 그대로 전해져 오기 때문이다. 대부분 그렇게 극단적인 행동을 하는 아이들은 성적도 우수하고 모범생인 경우가 많다는 것이 더 충격적이다. 얼마나 가슴 속을 옥죄는 고통이 있었으면 그런 선택을 해야 했을까.

사연들이야 많겠지만 직업 탓인지 나는 그런 소식을 들으면 무조건 그 아이의 부모를 탓하고 싶어진다. 다른 이유가 아니다. 이 세상에 자기의 생명보다 더 중요한 건 없다는 자존감을 가르치지 않았고, 자신의 죽음으로 가족이 가질 고통을 생각하지 못하는 이기적인 아이로 키워놓은 게 비난받을 일이다. 그리고 무엇보다 죽음까지 선택하게 해야 할 정도의 고통을 겪으면서도 엄마에게 털어놓지 못할 정도로 자식과 애착 관계를 형성하지 못한 것도 잘못이다. 아이들이 극단적인 선택을 하게 된 것은 정신의 예방주사가 부족해서다.

스무 살에 처음 서울로 오고 나는 내가 우물 안 개구리였다는 것을 알게 되었다. 시골 우리 학교에서는 꽤 잘하는 축에 들었지만 대학 친구들은 모두 나보다 우수했다. 남에게 지기 싫어하는 성격이었던 나는 여러 가지로 부족함을 채우려고 잠을 줄였고 건강까지 잃게 된 적이 있었다. 내 아이들은 그러지 않도록 어렸을 때부터 나는 작은 시련들을 경험하도록 노력했다.

아이들 어렸을 때 일 년에 두어 번 전국 단위의 경시대회에 참여했다. 좋은 성적이 나오지 않을까봐 시험 치는 걸 별로 좋아하지 않았던 아이들에게 나는 밝게 웃으며 말했다. "시험을 쳐보는 건 어떤 결과여도 좋은 거야. 성적이 좋으면 내가 잘하고 있구나 자신감을 얻을 수 있어 좋고 성적이 나쁘면 더 열심히 해야겠다는 각오와 겸손함을 배울 수 있어서 좋은 거야. 자기 식대로 공부를 하다가도 한 번씩은 자기 체크를 해보는 게 좋아. 혼자 난 잘하고 있겠지 생각하고 안주하는 건 우물 안 개구리가 되게 만들기도 하거든. 그러니까 아무 걱정 말고 시험 쳐보자. 그리고 또 하나. 시험 날짜를 받아두면 그 시험에 대비해 평소보다 더 공부를 하게 되니 그것만으로도 이득이지. 그리고 실전 연습을 함으로써 시험에 강해지는 훈련도 겸할 수 있고 말야."

아이들이 학원을 다니지 않고 혼자 집에서 공부를 하니 객관적인 평가가 궁금했다. 그리고 마음속에는 아이들에게 어려운 문제들을 만나 좌절해보는 경험을 갖게 하여 혹시 마음대로 잘 되지 않는 일들을 만났을 때 극복해내는 연습도 해보게 하고 싶었었다. 매번 100점만 받던 아이가 어느 날 큰 시험에서 기대한 만큼 성적이 나오지 않았을 때 심하게 좌절하여 용기를 잃어버리는 경우도 종종 보았기 때문이다.

이래도 좋고 저래도 좋다는 내 괴상한 이론으로 아이들은 불만 없이 응했고 여러 가지로 많은 도움을 얻었다. 실제로 전국 단위의 시험인데 수상을 한 경험도 있었고, 예상 밖 결과에 우울해 한 적도 있었다. 수상을 했을 때는 상장이 학교로 와서 전교생 앞에서 교장선생님께 상을 다시 받곤 했는데 그럴 때면 자신감을 듬뿍 얻어 더 열심히 공부하는 계기가 되었고, 결과가 좋지 않았을 때에는 다음 시험에서는 좋은 결과를 얻겠다며 더 열심히 공부하는 동기가 되어 주었다. 내 작전대로 들어맞은 셈이다.

아이들에게는 유쾌한 날이 아니었을지 몰라도 나에게 시험 날은 즐거운 나들이 같았다. 시험은 주로 서울의 대학 캠퍼스를 빌려 일요일에 치렀는데 김밥을 싸서 소풍 가듯이 간 적도 있고, 끝나고 항상 가족끼리 맛있는 음식을 사먹기도 했다. 아이들이 시험장에 들어간 시간에는 여유로운 마음으로 남편과 대학 캠퍼스를 데이트하듯 걷곤 했다.

살아간다는 건 끝없는 도전의 연속이어야 한다. 고여 있는 물은 썩는다. 새로운 도전을 하고 내 발전을 위한 길을 열어놓아야 한다. 그 과정에서 나에게 부족한 부분을 알게 되며, 그것을 보완하고 더 큰 나를 만들어내려고 노력하는 과정에서 내 안에 잠자고 있는 가능성은 날개를 달고 날아오른다.

나도 참으로 여러 가지를 도전하고 성공과 실패를 반복한 삶이었다. 그러나 잘했다고 교만한 적도 없었고, 못했다고 좌절한 적도 없었다. 작은 성공에서는 자신감을 얻었고 실패에서는 겸손함을 배웠다. 도전과 시도는 무조건 이익이다. 어디에서든 배울 것이 있으며 도전과 시도를 반복하는 과정에서 얻게 되는 자기 신뢰, 즉 자신감은 세상을 살아가는 가장 큰 무기이다.

돈을 받으면서 배우니
이 얼마나 감사한가!

내가 경험해보고 싶은 일들을 골라가며 접해볼 수 있었던 것을 나는 남편 덕분으로 여긴다. 돈을 많이 벌어야 하는 것에 초점을 맞추어 일을 선택한 게 아니라 내 마음이 끌리는 일을 경험할 수 있게 해준 것은 남편이 늘 안정적인 수입을 가져다주었기 때문이었다.

그렇게 다양한 경험을 하며 살아오면서 차곡차곡 쌓인 이야깃거리는 내 가슴을 뛰게 하는 직업인 강사의 꿈을 꽃피울 수 있는 중요한 자양분이 되어주었다. 강사의 생명은 이론이 아닌 삶의 다양한

콘텐츠인데 호기심 강한 성격에 무엇이든 접해보려고 다닌 덕분에 정말 풍성한 이야깃거리를 저장해 주었으니 얼마나 축복된 일인가. 많은 돈을 받지는 못했어도 나에게 소중한 경험과 이야깃거리를 제공해준 내가 스친 직업들이 정말 감사하다.

처음 강의 의뢰가 왔을 때였다. 제시한 강의비가 생각보다 적었다. 할까 말까로 잠시 고민을 했다. 백프로 경험으로 탄탄하게 짜인 재미있고 알찬 내용이라고 자부하는 내 강의 내용을 생각할 때 그 정도는 너무하다 싶었다. 그런데 생각을 고쳐먹었다. 미용학원을 운영하는 친구에게서 들은 미용실 실습생들의 이야기가 생각났기 때문이었다.

머리 커트하는 기술을 익힐 때 사람의 머리카락은 연습용으로 하기에는 너무 비싸서 처음에는 인조 머리카락을 사서 자른다고 했다. 어느 정도 익히고 나면 사람의 머리카락을 사서 자르고, 더 숙련되면 같은 연습생들끼리 서로 잘라주며 연습을 한다는 것이다. 재료비 내고 수강료 내가며 기술을 배우기도 하는데 햇병아리 강사인 내가 내 꿈인 프로 강사가 되기 위해서는 돈 주고 사람들을 모아 강의 실습을 반복해봐야 맞는 것이 아닌가?

미용실 실습생들의 순서로 보자면 처음에는 마네킹들을 모아놓고 강의하고, 숙련되면 사람들 1인당 얼마씩 주고 불러 모아 강의 스킬 익히고, 나중에는 같은 강사들끼리 서로 강의하며 들어주고 그리고 미용실 실습생들이 미용실로 실습 나가듯 현장으로 나가야 하는 것 아닌가 생각하니 돈을 주고 강의를 해도 될 판에 적지만 돈을 준다고 하니 얼마나 감사한가로 생각이 바뀌었다.

물론 그날 내 강의의 평이 좋은 바람에 바로 강의료는 올라가 여기저기서 강의 신청을 받게 되었다. 지금은 수련 기간이 어느 정도는 지난 것 같아 마음속 기준에 너무 모자라게 책정된 곳은 거절도 한다. 그리고 경력이 쌓여서인지 의뢰해오는 쪽에서 어느 정도는 마음에 미흡치 않게 책정해오고 있다. 그래도 돈 문제로 까다롭게 따지는 강사는 못 된다.

많은 사람들이 행복한 교육을 할 수 있게 내 경험을 전하고 싶어 강사를 꿈꿔왔는데 강의비 탓에 아이 엄마들을 만날 수 없다면 내 마음이 편하지 않다. 더구나 사교육비 없이 알뜰하게 아이를 키우자는 주제인데, 그 방법을 알려주는 일에 돈을 너무 많이 받는 것도 꺼려진다. 그리고 좋은 강사가 되려면 아직도 더 많이 배우고 더 많이 공부해야 한다는 것을 알고 있다. 유능한 강사가 되는데 있어 현장에서 직접 강의를 해보는 것보다 좋은 교육이 있을까?

주변에서는 날 위한다고 "네 강의 너무 좋아. 강의비 적게 받으면 절대 가지 마. 강사는 자기 몸값을 자기가 지켜야 해 알았지?"하고 말하지만, 내 마음이 살짝 나에게 말한다. '아직도 나는 배울 것 투성이인 햇병아리 강사다. 한참 멀었다. 그 정도의 대가도 감사하다.

20년도 더 된 세월 동안 간절히 바라던 꿈인데 불러준 것만으로도 감사하다. 내가 누군가에게 도움이 된다는 것만으로도 얼마나 고마운 일인가'

강사가 된 것만으로도 감사한 내 마음을 알 리가 없는 남편과 엄마는 돈 조금 받으면 절대 가지 말라고 말한다. 사랑하는 딸이, 아내가 애쓰는 것을 옆에서 지켜보니 수고의 대가를 많이 받기를 원해서 일거다. 그래서 엄마나 남편이 강의비 얼마 받기로 했냐고 물어보면 마음 편하라고 언제나 좀 더 불려서 말한다.

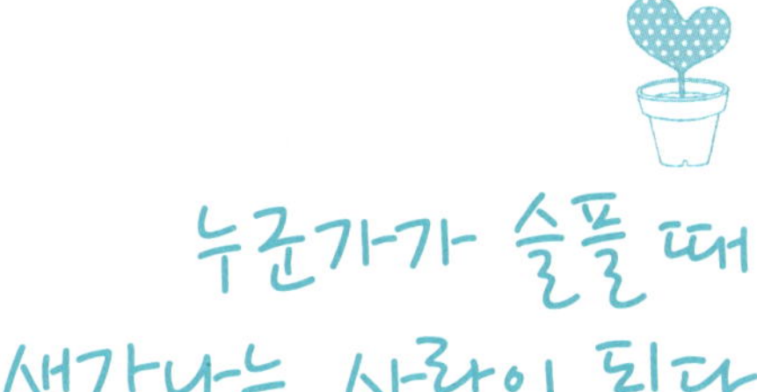

누군가가 슬플 때 생각나는 사람이 된다

며칠 전 딸이 가까운 친구가 우울하다고 상담 요청을 해서 긴 시간 이야기를 나누었다고 말했다. 힘들고 우울하면 그 친구는 꼭 자기에게 상담 요청을 한다며 그날도 그 친구가 상담 후 기분 좋아했다고 덩달아 기뻐하는 모습이 참 흐뭇했다.

무슨 답을 주었냐고 물었더니 고양이 꼬리 이야기를 들려주었단다. 현재 친구가 주변의 사람들과의 인간관계에 얽혀 고민이 많다길래 과감히 그들을 무시하고 당당하게 앞으로 나가라고 조언했단다.

고양이가 꼬리를 잡으려고 아무리 노력하며 뱅뱅 돌아도 고양이 꼬리는 잡을 수 없으며 앞으로 전진하는 것조차 늦어진다고. 고양이 꼬리는 고양이 몸의 일부이니 그냥 앞으로 가면 잡으려 하지 않아도 따라오는 거라고 말해 주었단다. 친구가 자기 길을 잘 가고 있으면 언제든 아끼는 사람들은 네 곁을 쫓아올 것이라고. 좋은 말 잘해주었다고 어깨를 두드려주었다. 그리고 오래전부터 가졌던 내 소망 하나를 기억해냈다.

초등학교 4학년 국어책에서 읽은 글이다. '내가 기쁘고 즐거울 때면 잊었다가 내가 슬프고 외로울 때면 생각나는 사람들, 그들은 이미 무엇으로나 나에게 고마웠던 사람들임에 틀림이 없다. 나도 무엇으로나 남에게 고마운 사람이 되어야겠다' 내가 굳이 기억하려고 한 것도 아닌데 오래도록 내 마음 속에 각인되어 내 소망이 되어버린 글이다.

그랬다. 나는 그런 사람이 되고 싶었다. 누군가가 힘들 때 나를 떠올리면 힘이 나는 사람, 외로울 때 보고 싶고 생각나는 그런 사람이 되고 싶었다. 중·고등학교 시절을 기억하는 한 친구가 세월이 한참 지났을 때 옛날을 회상하며 말했다. "학창 시절 네가 참 고마웠단다. 어려운 문제가 있으면 항상 친절하게 가르쳐 주었거든"

기억이 났다. 내 딴에는 마음속 소망의 표현이었다. 다른 건 능력이 없으니 내가 선택한 사랑 방법은 공부였다. 친구들은 공부를 잘

했던 나에게 모르는 것이 있으면 물으러 왔는데 나는 그것이 정말 좋았다. 아무리 바빠도 한 번도 찡그리지 않았고 친절하게 설명해주었다. 내가 모르는 문제를 갖고 오면 잠깐만 기다려보라 하고 교무실로 가서 선생님께 물어 와서 가르쳐 주었다. 고마워하는 친구에게 "아니야. 네 덕분에 몰랐던 걸 알게 됐으니 나도 고맙지" 하고 말했다. 문제를 풀다가 해결이 안 돼 답답해하는 친구가 도움을 요청할 사람으로 떠올릴 수 있는 사람이 있다는 건 그녀에게 큰 위안이 될 거라 생각했다.

대학 1학년 때였다. 여러 가지로 마음속 고민이 많았던 한 친구가 있었다. 어느 날 그 친구의 자취방을 방문했는데 친구는 방문을 열어둔 채 잠시 슈퍼에 갔고 나는 우연히 그녀의 책상 위에 펼쳐진 채로 있던 일기장의 한 구절을 발견하였다. "너무 괴롭고 힘들다. 갑자기 연숙이가 보고 싶다. 시간을 내어 그녀를 만나야겠다" 몰래 허락도 없이 남의 마음속으로 들어온 듯해 놀라서 방을 나와 방금 도착한 듯 밖에서 기다렸다.

그날 나는 그녀와 많은 이야기를 하였다. 고민도 들어주고 내 나름의 위로와 조언도 해주었다. 힘들 때는 내 이야기를 들어주는 사람 한 명만 있어도 힘이 되는데, 그 사람이 내가 됐다는 것에 감사했다. 그날 나는 오래 전부터 마음속에 가져왔던 소망을 기억하며 꼭 그런 삶을 살겠다고 다짐했다. 그러나 마음만 그럴 뿐 언제나 다

람쥐 쳇바퀴 도는 듯한 삶이라 늘 꿈꾸던 베풂의 실천은 한계가 있었다. 고작 내 가족, 가까운 내 친구의 범위를 넘지 못했다. 내가 할 수 있는 일들로 조금 더 주변을 살필 줄 아는 사람 냄새 나는 사람이 되고 싶다.

어려운 여건이어도 얼마든지 행복한 교육을 할 수 있다는 메시지를 전하는 내 직업이 나는 정말 감사하다. 가끔 육아를 하며 힘든 일이 생길 때 내가 떠올라 조언을 구한다고 연락을 주는 분들을 대하면 힘들 때 생각나는 사람이 되고 싶어 했던 소망이 이루어진 듯해 고맙고 감사하다.

나에게 문제가 다가오면 그 문제들이 내게는 스트레스로 작용하기보다 고마운 경험으로 생각된다. 먼저 겪어보고 답을 모색해보아 그 문제로 고민하는 이들에게 도움이 되는 답을 줄 수 있을 테니 기쁘게 맞는다. 그들이 나에게 도움을 요청할 때 진정 답이 될 수 있는 솔루션을 많이 갖춰 놓을 수 있게 "문제야 올 테면 와라. 이해피지기가 두 팔 벌려 맞이할게"라고 큰 소리로 외친다.

내가 웃고 있을 때 누군가는 울고 있다

딸이 대학교 앞에서 하숙을 하다가 집으로 들어온다고 했다. 짐이 얼마 되지 않을 줄 알고 남편과 차를 몰고 갔는데 책과 옷 등 옮길 게 제법 되었다. 하필이면 이사 예정 날짜에 남편은 몸살감기를 앓게 되어 운전을 내가 했고 짐을 싸는 것도 내가 했다. 책을 끈으로 묶는 일도 만만치 않았다.

남편이 했다면 끈을 세게 조였을 텐데 꼼꼼하지 못하고 기운도 딸리는 나는 설렁설렁 묶어, 몇 번이고 묶어놓은 끈 밖으로 책이 삐

져나왔다. 짐을 묶고 나자 내 강요로 차 안에서 쉬고 있던 남편이 나와서 함께 날랐다. 나르는 일도 그보다 더 많이 하려고 했다. 그의 몸이 좋지 않은 상태라 내가 조금 더 무거운 걸 날라야 옳다고 생각했다. 힘든 물건과 가벼운 물건이 있을 때, 내가 무거운 것을 들어 힘이 들면 상대편은 조금 덜 힘들다. 대신 내가 조금 편하면 상대방은 조금 더 힘들게 되는 거다.

만만하게 봤던 짐이 트렁크랑 뒷좌석을 모두 채웠다. 두 번을 나르자니 그렇고 해서 딸과 나는 대중버스로 올 생각을 하고 짐을 모두 실었는데 조수석은 어느 정도 앉을만 했다. 대신 뒷좌석은 사람이 타려면 많이 불편해 보였다. 딸이 뒷좌석에 앉겠다는 걸 굳이 조수석에 앉게 했다. 나는 뒷좌석에 짐을 조금 밀치고 겨우 앉아 돌아오면서 제로섬의 법칙에 관한 생각을 했다.

내가 불편하면 딸이 조금 편하고, 내가 편하면 예쁜 내 딸이 불편하다면 내가 조금 불편한 게 낫다는 생각. 그러나 이것은 한 가족이 이삿짐을 나르는 작은 현장에서만 있는 법칙이 아니다. 우리가 편안한 잠을 청할 수 있는 것은 우리들을 대신해 밤 시간에도 수고로이 일하는 많은 사람들 덕분이다. 우리들이 즐기는 맛있는 음식 속에도 수많은 사람들의 땀이 들어있다. 세상은 거대한 공동체이며 서로 함께 기쁨과 슬픔을 나눈다는 생각이다.

나는 나에게 행복한 일이 생길 때면 누군가로부터 선물받았다는 생각이 들어 늘 감사한 마음이다. 그리고 내가 흘려야 하는 눈물이 있다면 기쁘게 흘릴 생각이다. 내가 울고 있을 때 웃고 있는 그 누군가가 있을 것을 알기 때문이다. 그는 또 나를 위해 울어줄 것이고, 나는 또 다음 차례로 웃게 될 것이니까. 세상 사람들은 그래서 모두 함께 손을 잡고 가야 할 거대 가족이라는 생각이다.

행동하는
해피지기가
당당한
엄마로 만든다

내 몫은 스스로 챙긴다

초등학교 2학년 자녀를 둔 엄마가 상담 요청을 해왔다. 아이가 어
렸을 때부터 주 1회 방문하는 교사에게 모든 교육을 의존했는데 막
상 뚜껑을 열어보니 아무것도 안되어 있다는 것이었다. 항의를 하
고 싶은데 교사가 매번 바뀌어 찾을 수가 없다고 했다. 나는 그 어
떤 사람의 잘못이 아니라 엄마의 생각이 그릇되었다고 말했다. 일주

일에 한 번씩 와서 10분 공부하고 가는 사람이 영어와 수학의 집을 튼튼하게 지어줄 수 있다고 생각한 발상부터가 잘못되었다고 말해주었다.

아이 교육에 대해 상담을 하고 있는데 자꾸 시선이 엄마의 몸으로 갔다. 이제 겨우 초등 2학년생 아이 엄마인데 나이도 많아 보였고 건강도 좋아 보이지 않았다. 이야기를 멈추고 건강에 대해 물어보았다. 내가 갱년기를 겪으면서 건강에 이상 신호가 온 적이 있어 자녀 교육 상담을 할 때 꼭 부모의 건강 상태는 괜찮은지 체크하는 버릇이 생겼다. 아이 교육은 잘 시켰지만 자신을 돌보지 못해서 아이 곁에 오래 있어주지 못하는 엄마보다, 공부는 좀 못해도 반듯한 인성으로 길러놓고 자신을 잘 돌보아 아이 곁에 든든한 나무로 오래오래 있어주는 엄마가 더 좋은 엄마라는 생각을 했다.

건강은 괜찮은지 왜 그렇게 몸이 비만하고 아파 보이는지 물었다. 그리고 아이도 좋지만 엄마 몸 좀 돌보라고 말했더니 갑자기 눈물을 펑펑 쏟으며 소리 내어 울기 시작했다. 울고 싶을 때는 울도록 두는 것이 낫다. 눈물은 마음의 독소를 제거하는 탁월한 효능이 있다. 한참 울고 나더니 언니처럼 느껴져서 울었다며 돌아가신 엄마 생각이 났다고 울먹이며 말했다. "어렸을 적 엄마와 이모는 같은 자매였지만 판이하게 달랐어요. 엄마는 건강한 편이 아니었는데도 엄마 자신은 돌보지 않고 오직 남편과 자식들 생각뿐이었지요. 그런데 이모는 아니었어요, 항상 자신의 몸을 돌보고 예쁘게 가꾸는 분이었지요. 사촌은 항상 저에게 자기 엄마는 계모라고, 자기 몸 돌보는 것에만 관심 있다고 투덜댔어요. 그런데 세월이 지나고 자식들만 생각하던 엄마는 일찍 돌아가셨고 이모는 지금도 젊고 예쁘고 건강하게 살아있어요. 그리고 사촌은 자기 엄마가 젊고 건강해서 너무 행복하다고 말합니다. 선생님, 그런데 저도 우리 엄마를 닮아가나봐요. 제가 당뇨가 있고 얼마 전부터는 합병증도 왔는데 아이 공부 생각뿐이거든요"

나는 아이 엄마에게 공부도 중요하고 건강도 중요하니 두 가지를 모두 지혜롭게 해결하는 방법에 관해 정성껏 메모해가며 조언을 해주었다. 그 아이 엄마의 말이 남의 말 같지 않았다. 나에게도 그런 엄마를 보고 자란 티가 많이 나기 때문이다. 언제나 가족들을 먼저 챙기시고 당신 자신은 뒷전이셨던 내 엄마를 닮아 나도 가족들 다음으로 내 몫을 밀쳐놓는 습관을 언뜻언뜻 발견하기 때문이다.

다행히 부지런하고 긍정적인 성품을 가지신 때문인지 엄마는 가족들의 뒷전으로 밀쳐놓으셨던 자신의 건강을 잘 관리하셔서 지금까지 건강한 모습으로 내 수호천사 역할을 해주신다. 딸 둘을 둔 나는 이제 의도적으로 나를 위하는 모습을 드러내 과시한다. "엄마 제법 괜찮은 옷 샀는데, 어때 예쁘니? 엄마 오늘 스마트폰 음악 유료 사이트 신청했다~" 라며 유난 떨기도 하고 가족들에게 양해를 얻고 동창 모임에 당당히 참석하는 것도 보여준다. 그래도 여전히 엄마 닮은 흔적이 남아있어 가족들을 위한 영양제만 사고 내 것만 빠뜨리는 경우가 많다. 그럴 때도 나는 명랑한 목소리로 이기적인 표정으로 너스레를 떤다. "난 사무실에 있는 시간이 많아 내 영양제는 사무실에 뒀단다~". 내 몫을 잘 챙기는 모습을 보여주어야 이 다음에 내 딸들도 그럴 것 같기 때문이다.

갖추어진 행복보다
만들어가는 행복의 가치를 안다

시댁에 들어가 신혼살림을 시작하는 것은 좋은 점도 많다. 가전제품이며 가구며 자질구레한 살림까지 전혀 장만할 필요가 없기 때문이다. 그렇지만 마음먹고 물건들을 새것으로 바꾸려면 얼마든지 바꿀 수도 있다. 하지만 살아가는 데 필요한 것은 다 있으니 이것저것 사오지 말고 그냥 시집오라는 시부모님의 말씀에 기대버렸다.

내 딴에는 친정에 부담을 주고 싶지 않다는 계산도 있었고, 쓸만

한 것들을 버리고 새로 장만하는 것은 낭비라는 생각도 들었다. 그리고 무엇보다 혼수는 각자의 분수에 맞게 하는 것이 좋다는 내 생각을 실천하고 싶었다. 경제적으로 여유가 있다면 얼마든지 딸의 혼수를 그럴 듯하게 해줄 수도 있겠지만 당시 친정은 아버지께서 하시던 일이 잘 안되어 아주 어려운 상황이었다. 그런 형편에 딸을 시집보낸다고 빚을 얻어서까지 혼수를 마련하게 한다면 그것은 지금까지 낳아서 고이 키워준 부모님에 대한 도리가 아니라고 생각했다.

그리고 흔히들 자식 교육에 갖다붙이는 비유를 나한테 유리하게 응용 해석해 버렸다. 물고기 백 마리를 갖고 시집오는 며느리보다 물고기 잡는 방법을 알고 오는 며느리가 훨씬 낫다고 당당하게 생각한 것이 혼수를 잔뜩 해가지는 않지만 언제든지 돈이 필요하면 벌어서 보탤 수 있는 능력은 갖고 있으니 며느리 잘 고른 셈이라고 내 편에서 유리하게 합리화해버렸다. 혼수를 제대로 갖추지 않고 시집을 간 것까지는 좋았는데 결혼하고 두 아이가 생기면서 잠시 분가해 나가게 되자 갖고 나올 게 없었다.

몇 달 동안 손빨래를 하다가 남편의 월급을 모아 세탁기를 샀을 때 나는 인간이 만든 가전제품 중 가장 위대한 것이 세탁기라고 남편에게 말했다. 아이를 업으면 들어갈 수 없는 좁은 부엌에서 가스레인지에 물을 데워 아이들을 목욕시키고 연탄불을 꺼뜨려 두꺼운 이불을 둘둘 감고 자던 시절에도 나는 크게 불평하지 않았다. 무엇이든 없다가 생기면 있기 전에는 알 수 없던 편리함에 행복해질 수 있으니 나는 차츰차츰 여유로워지는 내 삶도 그런대로 괜찮다고 생각했다.

다만 내가 속으로 바랐던 것은 부부가 거저로 생기는 것에 욕심내지 않고 열심히 노력해서 살 테니, 어느 날 추락하는 삶 말고 탄탄하게 조금씩이라도 늘어가는 살림살이로 살아가게 해달라는 것이었다. 내 바람이 간절했는지 결혼 생활 내내 넉넉한 적은 없었지만 뒤로 후퇴하지는 않고 아주 조금씩이나마 발전해 온 삶이었던 것에 감사하다.

한 칸짜리 월세에서 살다가 방 세 칸짜리 전세를 얻어 이사 가면서 다시 부모님을 모시고 살게 되었고, 방 네 칸짜리 전세에서 살다가 드디어 오랫동안 꿈꾸던 거실에서 자연만 보이는 예쁜 집을 사서 이사를 하게 되었으니 소원대로 조금씩 여유로워진 삶이었다.

결혼 후 처음으로 집을 사서 이사를 하고 동양화처럼 예쁜 거실 밖 산을 바라보며 남편에게 말했다. "열심히 사는 사람은 말예요. 일 년에 한 평씩 은행에 저금해 놨다가 자기 마음에 드는 집이 생겼을 때 그 저금해 놓은 평수만큼 찾아오는 거예요. 내 나이 47세에 47평짜리 집을 열심히 살아온 것에 대한 선물로 받았으니 아마도 내가 60살이 되면 60평 아파트에 살게 될 걸요" 했더니 아내를 늘 철없는 공상주의자라 몰아붙이는 그는 냉정하게 말했다. "쓸데없는 소리 말고 대출 이자나 제 날짜에 잘 갚아! 경매 넘어가기 전에!"

고속 엘리베이터를 타고 짧은 시간에 수직 상승하기를 욕심내다 엘리베이터가 고장 나면 바닥으로 추락한다. 하지만 계단으로 차곡차곡 올라가는 사람은 발을 헛디뎌 넘어지더라도 몇 계단 아래일 뿐이다. 다시 추스르고 올라가면 금방 제자리를 회복할 수 있으니 그동안의 노력을 결코 헛수고로 만들지 않는다. 내 노력 없이 주어지는 요행을 바라지 않고 열심히 살 테니 어느 날 추락하는 아픔을 겪지 않고 내 삶이 다하는 날까지 작지만 조금씩 커가는 기쁨들을 주변과 나누며 평화롭게 살아갈 수 있기를 간절히 바란다.

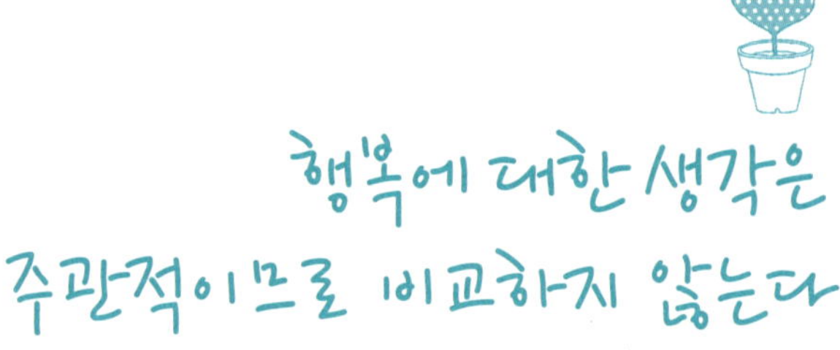

행복에 대한 생각은 주관적이므로 비교하지 않는다

큰 딸이 중학교에 다닐 때였다. 학교에서 돌아와 성적표를 보이며 말했다. "엄마, 우리 반에 ○○이라는 아이가 있는데 그 아이는 참 어리석어요. 오늘 ○○이는 우리 반에서 2등을 했는데 우울한 얼굴로 집으로 갔어요. 지난 번 그 아이의 성적보다 많이 향상된 성적이었는데도 말예요. 이유는 그 아이는 나를 이기는 것을 목표로 두었거든요. 나는 아니에요. 난 내가 지난 번 받은 성적보다 더 향상되는 것이 목표이지 누구를 이기는 것이 목표가 아니거든요. 물론 최종 목표야 올백이지만요. 만약 다른 친구가 나보다 더 잘했다고 해도 나는 기꺼이 박수를 치며 축하해 줄 수 있어요. 그리고 말할 수 있어요. '나도 열심히 해서 성적이 올랐는데 넌 더 열심히 했나보다. 축하해. 우리 같이 더욱 열심히 하자' 하면서 말예요"

딸의 이야기를 들으면서 자식이란 엄마의 모습만 닮는 것이 아니라 삶의 자세도 닮아가나 보다 느낀 기억이 있다. 비교하며 행복을 찾으려 한다면 과연 절대적으로 비교우위에 있어 행복할 수 있는 사람이 몇이나 될까? 부족하고 모자란 모습에 자족한 채 더 나아지려는 모습을 포기하고 현재에 안주하라는 뜻이 아니다. 나의 과거 모습보다 조금씩 발전되어 가는 모습을 만들며 끝없이 자기를 발전시켜가는 것에 가치를 두면 언제나 행복한 마음으로 살 수 있다. 타인과 비교해 좌절하고 실망하거나 때로는 타인보다 우위에 있음에 자만하여 발전을 게을리하게 되는 것은 언제나 행복의 기준이 타인에게 있으므로 불안정하다.

자녀 기르기도 마찬가지다. 부모가 생각하는 이상적인 자녀의 모습에 딱 들어맞게 행동해주어 부모됨을 행복하게 만들어주는 자녀는 그리 흔치 않다. 우리 집 세 아이도 그랬다. 전형적인 모범생인 큰 딸, 공부하는 것보다 공 차고 게임하는 걸 더 좋아하는 아들, 느리고 조용해서 인내하는 엄마로 만들어주었던 막내. 엄마 마음에 드는 성격의 누나, 언니와 비교하며 길렀다면 세 아이 모두에게 상처를 주었을 것이다.

엄마가 굳이 비교해가며 다른 형제의 장점을 들먹이지 않아도 아이들은 다른 형제의 장점들을 스스로 보며 배우고 닮으려 한다. 어느 날 학교에서 돌아오니 3학년짜리 귀공이가 열한 살 차이가 나는 언니의 옛날 일기장을 펼쳐놓고 읽으며 뭔가를 따라 적고 있었다. 뭐하냐고 물었더니 야무지게 말한다. "언니는 나만 할 때 무슨 생각을 했었는지 궁금해서 읽어보고 있어요. 근데 글씨를 너무 예쁘게 써서 그렇게 써보려고 하니 잘 안돼요"

나는 귀공이에게 "언니 글씨가 예쁘다면 귀공이 글씨는 정말 귀엽단다. 언니처럼 쓰려고 굳이 노력할 필요 없어. 귀공이는 귀공이 글씨체를 상큼하고 귀엽게 만들어 가면 되는 거란다" 밝게 웃으며 말해 주었더니 활짝 웃었다. 다른 형제와 비교하기보다 각자의 장점을 찾아 칭찬해가며 기르면 아이들은 비교당하지 않으니 위축될 리도 없고, 스스로 오늘보다 내일 더 나은 모습을 만들어가기 위해 노력하게 된다. 만족도 행복도 모두 주관적이다.

내가 아이에게
바라는 대로 행동한다

아들이 중학생이었을 때다. 새 학년이 시작되어 학교 총회에 참석하였다. 일을 가져 바쁜 엄마였어도 자모회 총회는 참석하는 것을 원칙으로 하고 있었다. 총회 시작 전 임원 선출이 있었다. 그런데 자모회를 이끌 자모회장을 하겠다는 사람이 아무도 없었다. 자발적으로 나서는 사람이 없자 이 사람 저 사람 돌아가며 지적하였는데 모두 한사코 거절했다.

아는 엄마도 별로 없던 나는 누구든 빨리 했으면 좋겠다 생각하고 한쪽 구석에 조용히 앉아 있는데 누군가가 얌전히 앉아있는 나를 향해 "저기 카키색 옷 입고 있는 엄마가 하면 어떨까요?"하며 지적했다. 그 순간 머릿속에 우리 아들이 떠올랐다. 아들 반에 반장을 뽑는데 아무도 하지 않겠다고 미루는 상황에서 누군가가 우리 아들을 추천했을 때 우리 아들이 어떤 반응을 보이면 내가 기쁠까? "너희들도 하기 싫은 걸 왜 날 시켜! 나도 못해!" 하면 기쁠까, "학급의 반장은 꼭 있어야 하는데 너희들의 여건이 다 맞지 않다면 내가 능력은 없지만 한 번 해 볼게. 모두 도와줄 수 있겠지?"라고 말하는 게 기쁠까?

후자면 기쁠 것 같아서 나는 망설임 없이 자리에서 일어나 앞으로 나갔다. 그리고 머릿속에 조금 전 떠올렸던 아들의 이야기를 들려주면서 인사를 했다. "학교의 자모회는 꼭 있어야 하고, 그 모임을 이끌 회장 또한 있어야 하는데 모두 여건이 안 되시는 것 같아 부족하지만 제가 해보려 합니다. 많이 도와주세요. 저는 어린 늦둥이도 있고 부모님도 계시지만 오후에 일을 하는 직장에 다니니 낮 시간을 내어 학교 일을 해보겠습니다. 지금부터 1, 2, 3학년 부회장 선출을 하겠습니다. 거수해 주십시오"

이 말을 마치자 모두 손을 들었고, 5분 만에 20명의 임원을 자발적 거수로 다 뽑았다. 그때가 아들이 중 2였을 때여서 2년을 연속

자모회를 이끌며 힘닿는 대로 열심히 봉사를 하였다. 지금 생각하면 훗날 부모 강사가 될 것을 준비해 교육 현장인 학교를 방문할 기회를 자주 가질 수 있었던 감사하고 좋은 경험이었다.

자모회에서 하는 일들 중 특강 참석 행사가 있었다. 새로운 기술이 나오면 그 기술이 필요한 사람들을 불러 업그레이드 교육을 시키는 것처럼 교육을 주관하는 기관들은 끝없이 새로운 교육 방법들을 모색하고 궁리하며 교육의 중요한 책임을 맡고 있는 학부모들에게 의견을 묻는 시간을 가진다. 때로는 좋은 부모가 되는 방법을 강의하기도 하고 공연 관람도 하고 교양 강좌도 해준다. 모든 학부모가 참여할 수는 없어서 각 학교마다 의무 참여 인원을 두고 참석하게 하는데 대부분 바쁘고 번거로워 참여를 좋아하는 편이 아니다. 나도 시간 내기가 쉽지는 않았지만 맡은 직책도 있고, 또 들으면 득이 되는 내용이라 여간해서는 빠지지 않고 꼭 참석했다.

어느 가을이었다. 교육청 주최로 서울 시내 각 중학교 자모들이 참석하는 교양 강좌가 대공원 후문 근처의 고등학교에서 있었다. 자모회 회원들 네 분과 학교 앞에서 모여 함께 강의장에 도착했다. 참석 인원이 많아 강당은 넓었고, 우리는 예정 시간보다 일찍 도착해서 자리도 많았다. 출석부에 사인을 하고 들어가는데 한 회원이 뒤로 가서 앉자고 모두의 손을 끌었다. 그러자 나는 어차피 시간 내서 왔는데 집중해서 잘 듣게 앞에 가서 앉자고 말하고 내가 우겨서 우리는 앞자리에 죽 앉아 두 시간 강의를 들었다. 손을 끌며 뒤로 가자던 자모는 바로 옆에 앉아 "회장님 때문에 졸지도 못하잖아요? 킥킥" 하며 내 옆구리를 쿡쿡 찌르며 웃었다.

강의 내용은 무척 재미있고 유익했다. 나는 메모도 해가며 연신 강사의 눈을 보며 즐겁게 강의를 들었다. 강의가 끝나자 강사가 갑자기 모두를 향해 말했다. "오늘 제 강의를 가장 열심히 들은 어머니께 상품을 드리겠습니다" 강당 안은 고요해졌다. 그때 갑자기 강사가 나를 가리키며 말했다. "앞에서 두 번째 줄에 계신 연두색 옷 입으신 어머니 나오세요" 선물은 자그마한 자녀 교육에 관한 책이었다. 생각지도 않은 갑작스런 일에 놀라며 나는 얼떨결에 앞으로 나가 수업 시간에 선생님 말씀을 잘 들어 칭찬받는 학생처럼 상을 받았다.

돌아오는 차 안에서 나는 같이 갔던 회원 어머니들에게 말했다. "나는 어떤 일을 할 때 버릇처럼 내 아이들 생각이 납니다. 내가 하기 싫은 일을 할 때도 그렇고, 힘든 일을 할 때는 더욱 그렇습니다. 강당을 들어가면서 생각했습니다. '내 아이들이 자리가 정해져 있지 않은 이런 강의장에 들어가 자기가 앉을 자리를 스스로 정할 때 어느 곳에 앉으면 내가 기쁠까?' 나는 내 아이들이 교장선생님 강의가 있어 강당에 모였을 때 뒷자리에 멀찌감치 앉아 친구들과 장난쳐가며 듣는 둥 마는 둥 하는 그런 아이이기보다 선생님 바로 앞에 앉아 정신을 집중하고 듣는 아이면 좋겠다 생각했습니다. 오늘 내가 앉은 그 자리는 내 아이들이 앉으면 좋을 것 같은 바로 그 자리입니다. 아이들이 바라는 대로 내가 행동을 해야 아이들에게 그렇게 요구할 수 있을 거라는 생각이 들어서 앞에 앉자고 한 것입니다"

내 얘기를 듣던 회원들은 "역시 우리 회장님~" 하며 마구 칭찬을 부어주었다. 그날 저녁 그 이야기를 남편에게 들려주니 혀를 끌끌 차면서 "너 아줌마들 사이에서 왕따지? 아줌마들 하자는 대로 해. 안 그러면 같이 안 놀아준다"라고 말했다. 남편 말대로 정말 내가 왕따인지는 잘 모르겠지만 내 신념대로 해야 내가 편하니 어쩔 수 없다.

내가 아이에게 바라는 대로 나도 행동하기! 생각과 말은 쉽지만 행동은 어려워서 노력은 해도 내 모습에 실망하고 후회되는 일도 많다. 엄마로서 얻게 되는 많은 행복은 그 대가를 톡톡히 치러야 하는 결코 쉽지만은 않은 자리라는 것을 실감한다.

어설픈 편견과 선입관으로 판단력을 흐리지 않는다

나를 아껴주는 지인이 내가 근래 만나고 있는 사람에 대해 귀띔을 한다. 그는 다 좋은데 돈거래에 좀 희미하니 혹시라도 그와 금전 거래는 하지 말라고 말한다. 그가 생각하기에 무엇이든 의심하기보다 믿기 좋아하는 내가 뜻하지 않게 마음이라도 다칠까 염려해서다. 그러나 그 사람의 고마운 배려는 나에게 감사함으로 들어오기는 하지만 누구를 판단하는 데 도움을 주는 선입견으로 머물지는 못한다.

똑같은 물건을 여럿 재단할 때 오차를 줄이려면 원본을 대고 계속 잘라야 한다. 원본이 아닌 복사본을 이어 자르다 보면 오차는 점점 벌어져 원본과 크게 달라질 수 있다. 사람에 대한 판단은 지극히 주관적이다. 그때그때의 상황이 영향을 미치고 개개인의 판단 각도 또한 사람에 따라 다르므로 다른 사람의 이야기를 근거로 어떤 사람을 판단하는 것은 위험하다.

나를 염려한 주변의 충고에도 아랑곳없이 그 어떤 사람도 남의 평가에 의해서가 아니라 내가 경험해보고 판단하겠다는 배짱은 아직까지 내가 믿는 사람에게 크게 마음을 다친 경험이 없어서이기도 하겠지만 적지 않은 세월을 살아오면서 내가 경험으로 터득한 신념이 있어서이다.

나는 사람은 상대방이 믿는 대로 행동하고 답한다고 생각한다. 알퐁스 도데의 〈별〉에 나오는 스테파네트 아가씨는 목동을 조금도 의심하지 않으며 어깨에 기대어 평화로이 잠든다. 또 목동은 세상에서 가장 순수한 별 하나를 밤새 떨리는 마음으로 숨죽이며 바라본다. 내가 타인을 순수하게 믿으면 타인 또한 그렇게 응답한다는 것이 내가 깨친 진리다.

누군가가 자신을 신뢰하고 의지하면 우리는 조금이라도 더 잘해주고 싶고 더 좋은 모습을 보여주려고 노력하게 된다. 나는 세 아이를 키우며 전부 좋은 선생님들을 만났고 아이들도 항상 자기 선생님이 최고라고 말했다. 그러나 나는 내 아이들이 특별히 운이 좋아 다정하고 따뜻한 좋은 선생님들만 골라서 만났다고 생각하지는 않는다.

사교육 없이 자녀를 키우는 방법은 공교육에 철저히 의지하는 것이라고 생각했던 나는 선생님을 늘 최고라고 자녀들에게 말했다. 선생님에 대한 엄마의 존경심을 보며 아이들도 선생님을 존경하고 따랐다. 자신을 최고라 여기며 진심으로 예의를 갖추어 공경하는 제자를 사랑과 정성으로 대하지 않는 선생님은 없다. 상대방을 도덕적이지 못하다고 말하는 사람들은 어쩌면 먼저 그를 향해 의심과 불신의 눈빛을 주었을지도 모른다.

너른 산의 초입에서 발견한 독초 두어 뿌리를 보고 이 산 전체는 독초만 가득 있는 산이라고 발걸음을 돌리면 초입만 벗어나면 지천으로 널려있는 약초를 캘 수 없게 된다. 사람이든 사물이든 다른 사람에게서 흘려들은 이야기로 섣불리 판단하지 않기를, 내 내적 수양이 부족해 어떤 사람이 갖고 있는 그 사람만의 배울 만한 점들을 발견하지 못하는 어리석음을 갖지 않기를 나는 나에게 주문한다.

내가 아팠던 경험은 다른 사람이 아프지 않게 하는데 요긴하게 쓴다

결혼을 하고 얼마 지나지 않아 내 생일이 다가왔다. 결혼하고 처음 맞는 생일이니 속으로 기대도 되었다. 부모님이 계시는 집으로 들어가 신혼살림을 시작했으니 시부모님이 근사하게 차려주시겠지 김칫국부터 마시고 있었다. 결혼 전 엄마는 외동딸의 생일을 극진히 챙겨주셨다. 대학에 다닐 때도 엄마가 오시지 못할 때는 내가 좋아하는 음식을 만들어 부치시며 친구들과 나눠 먹으라고 하셨다.

그러나 생일 며칠 전 시어머니는 나를 불러 여자가 남편보다 생일이 빠르면 생일을 차려 먹을 수 없다시며 내가 남편보다 4일 빨리 태어났으니 내가 아들을 낳아 며느리를 보기 전에는 생일이 없다고 하셨다. 그리고 정말 지금까지 나는 단 한 번도 어머니에게 생일 선물을 받아본 적도, 축하를 받아본 적도 없다. 지금에야 그것도 어머니의 어머니에게서 물려받은 생각이시니 어쩔 수 없다고 이해하지만 새댁 시절에는 많이 서운했다.

가까운 친구 집에 놀러갔는데 친구의 생일날 시어머니가 음식을 만들어 오셔서 상을 차려주시고 집에 돌아가셔서 안방 화장대 휴지통 밑에 수표를 넣어 두었으니 갖고 싶은 것 사라고 전화하셨단다. 행복해하는 친구를 보며 친구의 복을 마음껏 축하해 주었다.

어머니는 나에 대한 칭찬에도 늘 인색하셨다. 일찍 말을 하고 글자를 읽었던 딸아이가 이것저것 물으며 제 또래보다 영리한 짓을 하면 어머니는 늘 아이가 시누이를 닮아서 똑똑하다고 말씀하셨다. 며느리의 어린 시절이 어땠는지는 알 길이 없고 유난히 똑똑한 딸이었으니 어머니가 시누이를 닮았다고 말씀하시는 건 어머니의 입장에서 충분히 하실 수 있는 표현이었다. 지금 생각해보면 다 이해가 되는데 모든 것이 낯설고 어려운 시집살이를 하던 새댁 시절에는 서운한 감정만 앞섰다. 아빠를 닮았다는 건 이해하지만 왜 내가 낳아 기르는데 아무 관련도 없는 시누이를 닮았다는 말인가.

나는 훗날 내게 생길 우리 올케는 내가 겪었던 서운함을 겪게 하지 않으리라 다짐했다. 얼마 후 내 동생이 장가를 가게 되었을 때 나는 엄마에게 그동안 내가 경험한 것들을 메모해 '예비 시어머니 특강'을 했다. 시어머니가 며느리에게 꼭 챙겨주어야 하는 것으로 생일을 꼽아 강조했다. 며느리도 남의 집의 귀한 딸인데 생일을 기억하고 축하해주어 자신의 존재에 대해 귀히 여길 수 있도록 대우를 해주는 것은 시어머니의 당연한 역할이라고 힘주어 말했다.

그리고 또 하나 중요하다고 밑줄까지 쳐가며 강조한 것이 며느리 앞에서 딸 자랑을 하면 안 된다는 것이었다. 내 엄마도 딸은 분명 좋은 기억으로만 포장해 갖고 있을 테니까 혹시라도 무심결에 내 자랑을 하실 수도 있겠다 생각되어서다. 그러나 내가 알고 있는 엄마는 절대 우리 올케들을 서운하게 하실 분이 아니라는 것을 알고 있다. 타인의 마음을 배려하는 엄마 본래의 심성에 나의 특강 영향도 조금은 더해져서 엄마와 두 올케는 세상에서 가장 아름다운 고부간의 모습이다.

열 살 이전의 교육에는 탁월한 능력을 갖고 계시는 엄마는 어린 조카들에게 한글도 숫자도 직접 가르치셨는데 조카가 영리한 행동을 보이면 "아이고 잘한다, 우리 준혁이. 준혁이는 엄마 닮았나보다" 칭찬하시고 올케는 "아니에요, 어머니. 준혁이는 고모 닮았어요" 한다. 엄마의 딸을 추켜드리면 엄마가 기뻐할 것임을 잘 아는 센스 있는 큰 올케와 우리 집에 오시면 "니 올케 살림 솜씨 좀 닮아라" 나무라시는 엄마를 보면 가슴이 따뜻해진다.

며칠 전에도 둘째 조카 민혁이가 기말고사에게 전교 1등을 하자 엄마는 모든 공을 올케에게 돌렸다며 올케는 나에게 전화해 늘 며느리 칭찬해주시는 어머니가 감사하다고 말했다. 막내 동생 부부도 마찬가지다. 엄마는 반듯하게 잘 자라는 영리한 수민이 키운 공을 항상 올케에게 돌리고 올케는 아무 도움 안 준 시누이인 나와 남편인 동생을 닮아서라고 어머니를 기쁘게 한다.

자식들 잘 키운 공을 상대방에게 돌리는 아름다운 모습은 부부에게로까지 번져 아이들이 잘하면 동생들 부부는 상대방 닮아서 그렇다고 서로를 칭찬한다. 어머니에게서 또 남편에게서 사랑받고 인정받으며 사는 여동생 같은 두 올케들을 보면 내 소망이 이뤄진 듯해 기쁘다. 내가 겪었던 서운하고 불편했던 마음을 우리 올케들은 안 겪었으면 좋겠다 생각했는데 그대로 된 것 같아서이다.

그러나 내가 올케들의 마음을 행복하게 해주기를 바라서 엄마에게 좋은 시어머니 되는 법을 알려드리려 한 것은 올케들을 위해서만은 아니다. 올케들이 행복해야 내 엄마와 내 동생들이 행복할 수 있다는 것을 알고 있기 때문이다. 가정을 평화롭고 행복하게 만드는 열쇠는 주부가 갖고 있으니까 말이다.

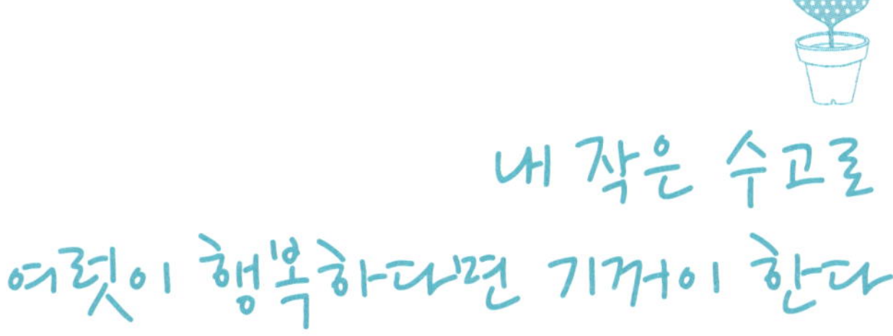

내 작은 수고로 어릿이 행복하다면 기꺼이 한다

딸이 어렸을 때다. 돌도 안 된 아이를 안고 지하철을 타고 급히 어디를 가다가 지하철에서 내리면서 내리는 옆 사람에게 부딪혀 선로 아래로 신발 한 짝이 벗겨져 떨어졌다. 앙증맞게 생겼던 그 신발은 걷기용이 아니라 발 보호용으로 마치 인형 신발처럼 예쁜 실내 신발이었다. 급히 약속 시간에 맞춰 가던 길이라 역무실에 찾아가 부탁할 시간 여유가 없기도 하고, 아이 발이 자라 한두 달 있으면 작아질 것 같기도 한 신발이라 순간 아이 발에 신겨져 있던 한 쪽 신발을 벗겨 떨어진 신발 곁에 떨구어 놓고 갔다.

정말 귀엽고 예뻐서 사긴 했지만 외출할 때 폼으로 몇 번 신겨 보았을 뿐 거의 새 신발이었다. 어차피 한 짝 신발은 쓸모없어질 테니 떨어진 신발 옆에 남은 한 짝을 나란히 떨궈 놓고 오면서 우리 아이 또래의 딸을 가진 어떤 젊은 아빠가 선로 정비를 하다가 발견해 그 집 아이에게 갖다 주었으면 좋겠다고 생각했다.

나에게 나누는 삶의 실천을 보여준 가장 가까운 모델은 아버님이셨다. 결혼 초 아버님은 여기저기서 뭔가를 잘 들고 오시곤 했다. 어느 날은 누가 이사를 가면서 제법 쓸 만한 걸 문 앞에 죽 내놓았길래 내 생각이 나서 들고 오셨다고 퇴근해 돌아온 나에게 건네주셨다. 갈색 핸드백이었는데 날 생각하셨다는 말씀이 감사해 한참 들고 다녔다.

한 번은 세탁소 하시는 친구가 여러 해가 되었는데도 찾아가지 않는 넥타이라 처분한다고 주셨다며 비싼 것들이니 아는 사람들 나눠주라고 하셨다. 내가 보기에 제법 쓸 만한 것들을 골라 다음날 회사에 들고 가 전 직원들에게 몇 개씩 나눠준 적이 있다. 아버님은 물건을 들고 오는 것도 좋아하셨지만 아버님이 갖고 계신 걸 나눠 주시는 것도 좋아하셨다. 갖고 계신 물건뿐 아니라 비닐봉지 한 장 도 버리지 않으시고 모아 두셨다가 가락시장에 가실 때는 꼭 갖고 가서서 그것들을 필요로 하는 상인들에게 다시 전달하셨다. 다시 쓸 수 있는 것은 재활용을 하면 할수록 환경을 지킬 수 있다는 생각이셨다.

그런 아버님을 닮아선지 나도 물건 새 주인 찾아주는 데 관심이 많다. 대학 다닐 때 경제학 과목을 한 학기 수강했는데 아버님의 모든 걸 가까이에서 보면서 내 아버님이 진정 실천하는 경제인이 아닐까 생각한 적이 많다. 그중 특히 한계효용 체감의 법칙은 아버님의 삶의 방식 그 자체이며 나에게도 뿌리박힌 실천 원칙이 되어 주었다.

나에게 하나가 더해졌을 때 그리 효용가치가 없는 것들이 타인에게는 상당히 큰 효용가치가 있는 것이라면 그 타인에게로 돌려주는 것은 지혜롭다는 생각. 배가 부를 때 내 앞에 있는 빵 하나는 먹으나마나 한 것인데 배고픈 이에게는 생명을 구할 수도 있는 절실한 것일 때 내 앞의 빵을 그에게로 보내줄 수 있어야 한다는 생각을 가끔 옛날 배운 경제 용어를 떠올리며 하곤 한다.

아이들에게 모든 것을 다 풍족하게 해주며 키울 여건이 되지 않았던 나는 책값에는 어느 정도 돈을 투자했지만 값비싼 옷이나 장난감을 구입하는 데 많은 돈을 쓸 수는 없었다. 그런 내게 가끔 가까운 선배 언니가 주는 크기가 작아진 언니 아이의 옷은 참 고마운 물건이었다. 아이들은 금방 자라 때로는 두어 번 입히고도 금방 입을 수 없게 되는 경우도 많다. 선배 언니가 준 그 옷을 몇 번 입혔다가 또 다른 사람에게 주어 여러 사람이 입게 하기도 했다.

그 기억이 남아 있어선지 나는 무엇이든 함부로 버리지 못하고 꼭 필요한 주인을 찾아주는 버릇이 있다. 아이들을 키우며 읽었던 책들과 옷, 가방이며 신발도 그냥 수거함에 넣지 않았고 그 물건이 필요한 사람에게 먼저 전달해보려 노력하곤 했다. 딸이 대학에 들어가던 해에는 대대적으로 집안의 옷들을 정리해 장애인의 집으로 보냈고, 지난 달 막내가 입던 작아진 옷도 나와 생각이 비슷한 동생을 찾아 전달했다.

어제는 지난 해 강의를 가서 알게 된 아이 엄마와 통화를 하다가 영어 공부를 할 만한 교재가 없다고 하여 귀공이 어렸을 때 보던 교재를 깨끗이 닦아 보내주었다. 꼭 필요한 아이에게로 잘 갔으니 누군가에게 필요할지 몰라 갖고 있던 보람이 있었다.

남편은 받는 사람에 따라 주고도 마음 불편하게 할 수 있는데 편하게 재활용통 속에 넣어버리지 쓸데없이 물건 들고 이리저리 갖다 주겠다며 사서 고생한다고 투덜대지만 나에게 한계효용 0인 물건이 한계효용 100의 사람에게로 전달된다면 그보다 더 큰 경제적 이익이 어디 있을까 생각하고 소신껏 산다.

주변을 돌아보면 주는 사람과 받는 사람이 연결되지 않아 버려지는 물건들이 정말 많다. 무엇이든 쓸 만한 것들을 버릴 때 나는 필요로 하는 사람이 있을까봐 집 앞 현관에 몇 시간 정도 '필요하신

분 가져가세요'라고 써 붙여 두고 남아있으면 버리기도 한다.

고물들을 모아놓는 버려지는 물건들 틈에서 주워서 들고 오는 것보다 이웃이 전해주는 거라 느낄 테니 더 기분 좋게 생각할 것 같아서이다. 실제로 그 방법으로 남에게 넘겨준 것도 여럿 된다. 하나의 물건이 여러 주인을 거쳐 알뜰하게 쓰여지도록 하는 것, 그것도 환경 사랑의 실천이라 생각한다.

마음에만 두지 않고 소리 내어 먼저 사랑을 표현한다

감사할 줄 모르는 어른이 되면 감사할 줄 아는 아이를 키워내기 어렵다. 반복되는 어른의 모습은 그대로 아이들의 모습이 되어버리기 때문이다. 어릴 때는 안아주고 칭찬도 많이 해주다가 자라면서 점점 칭찬보다는 나무람이나 꾸짖음의 횟수가 늘어간다. 기대를 하는 만큼 그에 미치지 못하기 때문이기도 하고 가까운 사람일

수록 표현에 무디어지기 때문이기도 하다. 그러나 사람의 마음속은 들여다 볼 수가 없으므로 표현해야 알 수 있다. 그리고 설령 느낌으로 알 수 있어도 직접적인 말이나 행동으로 표현하면 훨씬 상대방을 행복하게 할 수 있고, 그 행복은 그대로 자신에게로 돌아와 함께 행복해진다.

나는 표현을 아주 잘한다. 아니 의도적으로 그렇게 하려고 노력한다. 표현도 습관이어서 처음에는 어려운데 하다보면 줄줄 잘 나온다. 바쁜 나를 도와주시러 당분간 와 계시는 고마운 엄마께 아침에 집을 나갈 때면 즐겁게 인사한다. "어머니 사랑합니다. 감사합니다. 당신이 계셔서 세상이 빛납니다" 76세의 엄마는 쑥스러워하시지만 좋아하신다. 처음에는 수줍게 듣고만 계셨는데 이젠 똑같이 "우리 딸이 있어서 세상이 빛난다" 하고 답하신다.

중 1인 늦둥이 딸 귀공이에게도 마음으로만 사랑을 숨겨 갖고 있지 않고 표현한다. "우리 이쁜이 딸이 없었으면 어쩔 뻔 했어. 꾀꼬리 합창단 단원이 엄마 혼자 일뻔 했잖아~. 우리 합창단은 아무나 못 들어온다구~. 목소리가 꾀꼬리여야 들어오는 거니까, 호호" 딸은 배시시 웃으며 좋아한다. 비가 아주 심하게 오는 날 출근 길 큰딸에게 메시지를 했다. "내가 사랑하는 사람이 나에게 말했다. '당신이 필요해요' 그래서 나는 정신을 차리고 길을 걷는다. 빗방울까지도 두려워하면서. 그것에 맞아죽는 일이 있어서는 안 되겠기에—.

브레히트의 시야. 빗방울 맞지 않게 조심해서 다녀라, 사랑하는 딸
아”

딸은 엄마의 마음을 알고 감동의 눈물을 흘리는 이모티콘을 답
으로 보내온다. 세상의 모든 사람들은 외롭고 고독한 존재다. 어떤
사람도 대신해서 다른 사람에게 닥친 문제를 도와줄 수 없는 경우
가 대부분이기 때문이다. 그럴 때 내 곁에 나를 진심으로 사랑하고
아껴주는 사람이 있다는 것을 알게 되면 힘과 용기가 새로이 솟아
나게 한다.

우리들 안에 있는 사랑을 표현하고 싶은 마음을 끄집어 내는 일
이 중요하다. 초등학교 고학년쯤 되면 엄마와 아이는 서로 원하는
것만 요구하며 급속히 관계가 소원해지는 경우가 많다. 아이에게
원하는 것을 요구하기 전에 마음을 얻을 수 있게 애써야 한다. 마
음을 얻고 나면 굳이 원하지 않아도 아이 스스로 엄마가 무엇을 원
하는지 헤아리고 그것을 위해 스스로 노력하게 된다.

요즘은 대부분 핸드폰을 갖고 있다. 그들의 핸드폰에 딱딱한 용
건만 지시하고 요구하는 엄마가 아니라 엄마의 사랑이 가득 담긴
고운 글이나 애정 표현을 담아 보내주는 것도 좋은 방법이다. 그 효
과는 어설픈 잔소리보다 훨씬 크다. 엄마와의 애착 관계는 어린 시
기에만 필요한 것이 아니며 엄마와의 관계가 좋은 아이일수록 훨씬
성적도, 인성도 좋다.

형식보다 내실을 소중히 여긴다

대부분 자신이 원하는 모든 것을 다 누리며 살 수 없는 환경인 경우가 더 많다. 그러므로 그 사람이 어느 것에 더 중요한 가치를 두느냐에 따라 삶의 모습은 얼마든지 달라질 수 있다. 월셋집에 살면서 고급 승용차를 굴리며 산다고 비난할 수는 없다. 세간살이는 부실한데 방마다 책만 그득하다고 나무랄 수도 없다. 각자가 중요하다고 여기는 게 달라서이니까.

나도 남들은 이해 못할 수도 있는 일들을 내 가치 기준에 따라 하며 살아온 것 같다. 아이들 어렸을 때 마음속에 어렴풋이 가진 육아의 원칙이 있었다. 스스로 학습할 능력을 갖게 해 과외 선생을 찾지 않게 하는 것과 몸의 건강을 지켜 병원 들락거리는 일 없게 정신적·지적·육체적으로 건강한 자녀로 키우겠다는 생각이었다.

내 그러한 생각에 가장 크게 영향을 준 사람은 엄마였다. 어린 시절 엄마는 나에게 무엇이든 자신 있게 도전하는 강한 정신력과 지적 호기심 그리고 몸의 건강을 지켜주기 위해 노력하셨다. 그것은 지금까지 내가 가진 가장 큰 삶의 무기가 되어주었고 항상 감사하게 생각하고 있다.

나도 엄마처럼 세상을 헤쳐가기 위해 가장 필요한 것들을 아이들에게 준비해주고 싶었다. 모든 것을 다 잘해 줄 수는 없으니 내가 신경을 썼던 것은 학습 환경과 먹는 음식 등이었다. 단칸방에서 두 아이를 기를 때 남편은 누워 잘 곳도 없는데 책만 산다고 투덜댔지만 책을 침대처럼 깔고 자도 나는 좋았다. 아이들이 읽고 싶어 하는 책은 아까워하지 않고 사주었고 먹는 것에도 소홀하지 않으려 최대한 노력했다.

분수에 맞지 않은 일을 저지른 또 하나의 일이 있다. 몇 년 전 마음에 드는 집을 발견해 새 집을 사서 이사를 했을 때였다. 여유만 있다면 새 집에 어울리게 가구들을 몽땅 새로 샀으면 좋으련만 대출금 잔뜩 끼고 이사를 하는 처지에 그럴 수는 없어 분수에 맞게 있는 살림살이를 그대로 들고 갔다.

집을 사서 이사 가면 한 가지 정도 새로 마련해야지 벼르며 몰래 갖고 있던 비자금이 있었다. 고민을 했다. 뭘 하나 기념으로 장만할까. 남들처럼 거실을 장식할 TV를 살까, 근사한 냉장고를 살까. 망설이다 마음이 가는 것을 찾아냈다. 냄비 세트였다. 코팅이 된 냄비나 프라이팬은 몸에 좋지 않다는 말을 들었는데 이참에 갈아야겠다는 생각이 들었다. 이번에 사지 않으면 절대 살 수 없을 것 같았다. 남편이 집을 계약한 다음 달에 갑자기 회사를 그만두어 곧 내 소비 심리는 극도로 위축될 것임을 알고 있어서다.

큰마음 먹고 집에 있는 냄비를 모두 버리고 풀 세트로 장만했다. 죽을 때까지 쓰고 후세에까지 물려주어도 되는 스테인리스 고급 냄비였다. 거금을 주고 샀지만 씽크대 안에 차곡차곡 놓여있으니 아무도 내 과소비를 눈치 채지 못해 다행이었다. 남편이 회사를 그만뒀는데 있는 냄비 버리고 그런 걸 샀다고 비난받기 딱 맞는 일이었기 때문이다.

우리 집을 방문하는 사람마다 이사도 왔는데 텔레비전 좀 좋은 걸로 사라고 말했다. 그런데 나는 우리 집 거실을 화려하게 만들어주는 텔레비전보다 내 가족을 위해 건강한 음식을 만들어주는 냄비가 중요했다. 다른 물건은 건강에 직접적인 영향을 주는 것이 아니니 낡은 것을 갖고 있어도 상관이 없는데 냄비는 내 가족의 건강과 바로 직결되는 물건이기 때문이다.

얼마 전 큰 맘 먹고 홈시어터까지 딸린 대형 텔레비전을 샀다. 대출금 이자도 많이 내며 살고 있는데 영화관 가는 돈이라도 아껴야겠다 생각해서다. 나에게 중요한 것 순서대로 마련한 것이다. 세상은 자기 기준으로 사는 것. 요란한 겉치레보다 속이 알찬 삶이 훨씬 좋아서 냄비가 텔레비전보다 먼저 우리 집 식구가 됐다.

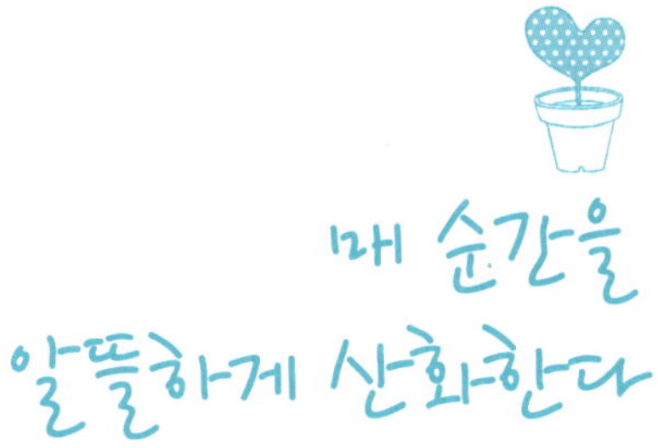

매 순간을 알뜰하게 산화한다

얼마 전 김수영이라는 멋진 여성의 강의를 들었는데 강의 내용 중 재미있는 부분이 있었다. 중학교 때 가출을 했는데 3개월 동안 집을 나가 있다가 돌아와 마음잡고 공부를 하게 된 계기가 서태지 의 〈컴백홈〉 가사였단다. 학교 선생님과 부모님으로부터 포기했다 는 말을 들으며 자신의 존재감을 찾지 못해 음주, 흡연, 폭주를 일 삼다 결국 가출을 하게 된 소녀는 그 노래를 듣고 아직도 꿈을 꿀 수 있는 눈부신 젊음을 갖고 있는 자신을 돌아보며 가슴에 전율이 일었고 그로부터 그녀의 삶은 변해 알찬 성공을 거둔 현재의 모습이 되었단다.

'아직 우린 젊기에 괜찮은 미래가 있기에 자 이제 그 차가운 눈물을 닦고 COME BACK HOME~'이라는 가사가 적당한 곡과 어우러져 외로운 소녀를 집으로 불러들일 수 있었다는 것을 생각하며 속으로 조금은 경시했던 대중가요의 위력에 놀랐다. 나에게도 마음속에 늘 경구가 되어주는 가사를 가진 노래가 있다. 〈사랑〉이라는 가곡이다. 특히 좋아하는 부분이 2절의 가사다. '반 타고 꺼질진댄 아예 타지 말으시오. 차라리 아니 타서 생나무로 있으시오. 탈진댄 재 그것조차 마저 탐이 옳으니다' 가끔 내 열정이 사그라드는 게 느껴질 때면 이 노래를 부른다. 그리고 재 그것조차 타는 내 삶에 대한 열정을 불러오려고 노력한다.

여고 3학년 때였다. 교내 줄다리기 대회를 하는데 학급 대표를 뽑는다 하여 내가 손을 들었다. 그러자 담임선생님이 "넌 안돼" 하셨다. 그리고 농담반 진담반 섞어 이유를 말씀하셨다. 줄다리기를 하면 분명 맨 앞에 서서 죽을힘을 다해서 줄을 당길 거고 일주일을 끙끙 앓을 게 뻔하다고 하셨다. 그리고 몸집이 큰 것도 아니고, 기운이 센 것도 아니면서 제일 앞에 서서 줄을 잡고 있으면 반 친구들에게 오히려 민폐라고 장난스럽게 말씀하셨다.

아이들은 선생님 말씀에 모두 까르르 웃었고 난 응원만 열심히 하는 걸로 마무리했지만 친구들은 모른다. 자기들 몰래 살짝 선생님이 내게 와서 하신 말씀을. 건강관리 잘 시키라고 교장선생님이 특별히 명령하셨단다. 학업 성적이 좋았던 나는 몸을 지치지 않게 하여 명문대에 진학해 학교의 명예를 높여야 한다는, 말하자면 과분한 '옥체 보존(?)'의 배려였던 것이다. 지금 생각하면 얼굴이 화끈거려지는 편애였지만 그걸 계기로 사랑받는 제자로서 보답을 드려야 한다는 생각으로 더욱 열심히 공부하게 되었다.

세상이 모두 내 뜻대로 될 것 같다 여겨지는 젊은 시절엔 그러했어도 세월과 함께 바래지는 것이 대부분이라는데 열정과 승부욕이 강했던 소녀 적의 내 모습은 어른이 되어도 바래지지 않는다. 딸이 어렸을 때다. 밤 늦게 아이에게 여러 가지 탈 것에 대해 공부를 하는데 갑자기 아이가 승용차와 택시는 어떻게 다르냐고 물었다. 밤 10시경이었는데 옷을 입으라고 하고 아이를 데리고 거리로 나가 보여주며 비교해 보라고 했다. 택시는 위에 '택시'라고 쓴 모자가 붙어 있고 번호판 색깔이 하얀 바탕에 초록 글씨며, 승용차는 모자가 없고 번호판 색깔이 초록 바탕에 흰색 글씨라는 걸 찾아냈다. 아이를 데리고 나오는데 남편이 내일 날 밝으면 가면 되지 극성이라고 혀를 찼지만 아이의 작은 질문에 엄마가 크게 반응을 해주면 아이는 새로운 호기심을 갖게 되어 지적 능력을 넓혀간다는 것이 내 생각이었다.

스승의 날이면 한 달 간 종이꽃을 만들어 선생님께 선물하고 아이들 일기장에 밤마다 댓글을 달아 주고 매주 창작 동요를 배워 가르쳐주는 열정의 엄마였던 나는 언제나 가장 가까이에서 지켜보는 남편에게서 응원은커녕 요란 떤다며 핀잔을 받았지만 나는 내 교육의 열정이 그대로 아이에게 전해져 훗날 사교육 없이도 스스로 공부할 수 있는 자기주도 학습의 열정을 가지는 아이가 되게 하는 길이라고 믿었기에 실천하려 노력했다.

더 나이가 들어가며 이 세상엔 하고 싶은 일과 배우고 싶은 것들이 너무나 많음을 느끼게 되면서 내 식의 지혜도 생겼다. 어떤 일을 만나나 어떤 곳에서나 내 속에선 언제나 꺼지지 않는 불꽃 같은 열정이 있어 불쑥불쑥 나를 몰아세우지만 어느 곳에는 절제를, 어느 곳에는 적절히 열정을 숨겨두고 조절해낼 줄도 알게 되었다.

80개도 넘는 꿈을 가지고 실천해간다고 당당하게 말했던 젊은 김수영 씨가 부럽긴 해도 나는 그녀와 같은 사람이 아니니 내 식의 열정 불태우기를 하려 한다. 직접 경험하여 내 속에 간절한 바람이 되어있는 몇 개의 꿈을 집중적으로 길러갈 생각이다. 나는 나와 함께 살아가는 지구촌 가족들이 누구나 정신적·육체적으로 건강하고 행복하게 천수를 다하며 살 수 있는 방법을 연구하여 전하는 행복 강사가 되는 일에 나의 모든 것을 바치고 싶다. 내 간절한 소망을 위해 내가 가진 모든 에너지를 동원해 알뜰하게 산화하는 삶을 살 것이다.

내가 만든 원칙이 나를 구속하지 않게 한다

딸이 중학교에 다닐 때였다. 어느 날 근처에 사는 딸의 친구 엄마가 새벽 운동을 다니자고 전화를 했다. 부모님을 모시고 아이들도 셋인데다 학부모 회장일, 저녁엔 아이들 가르치는 일까지 하니 지치지 않게 건강관리를 해야 한다는 것이었다. 나보다 나이가 두 살 많은 언니뻘 되는 그분은 언제나 군살 없는 매끈한 몸매를 가지고 있었고 생활에 활기가 넘쳐보였다. 더구나 감동스러운 것은 오전 9시까지 출근하는 직장 여성이었다는 것이다. 매일 새벽 근처 체육관에서 10년 가까이 에어로빅을 하며 건강관리를 해오고 있다고 나보고 같이 새벽 운동을 다니자고 했다.

다른 것이라면 몰라도 율동을 하는 건 왠지 부담스럽다고 처음엔 거절을 했다. 그러다 생각이 바뀌었다. 돈을 내고 정해진 시간에 하는 운동을 해야 규칙적으로 할 수 있고 다른 일에 방해를 받지 않는 새벽 시간을 이용해야 빠지지 않고 할 수 있다는 설득에 공감이 가 등록을 했다.

가족들은 갑자기 왠 에어로빅이냐고 어울리지 않는다고 놀렸다. 그러나 나도 할 수 있다고 큰 소리 치고 매일 새벽 5시 반에 어김없이 일어나 운동을 하러 갔다. 평소에 하지 않던 낯선 몸동작을 따라하는 일이 결코 쉽지는 않았지만 내가 생각해도 운동이라곤 하지 않고 살아왔던 것 같아 몇 달을 씩씩하게 그 자모를 따라 다녔다.

그런데 어느 정도 시간이 지나면서 몸에 무리가 온다는 것을 느꼈다. 그 당시 나는 저녁에 아이들을 가르치는 직업을 갖고 있었다. 그러다보니 활동 시간이 오후 시간으로 몰려있었다. 수업을 하고 늦게 들어와 밀린 집안일이나 수업 준비를 하고 나면 자정을 넘기기는 다반사였다. 막내가 태어나기 전에는 오전 시간이 조금 여유로웠는데 아이가 생기니 일거리도 더 많아져 새벽 운동은 아무래도 나에게 무리임을 깨닫게 되었고 나는 바로 운동을 그만두었다.

그 자모는 조금만 더 지나면 익숙해질 테니 견디라고 했지만 나는 내 몸을 과대평가하여 괴롭히지 않아야 한다고 생각했다. 밤늦게 잠이 들면서 체육관에서 새벽에 만나기로 한 약속을 기억하여 알림 시계를 맞춰놓고 긴장하며 잠을 자는 것은 내 육체에게 진정한 쉼을 주는 행위가 아니라는 생각이 들었던 것이다. 내가 운동을 그만한다고 했을 때 남편은 "그럼 그렇지. 당신이 무슨 새벽 운동이야. 내 그럴 줄 알았다" 하며 마치 내가 인내력과 지구력이 약해서인 것처럼 말했지만 나는 다른 사람의 그런 평가보다 내 몸이 더 소중하니 누가 뭐라 해도 상관없었다.

그리고 2년 뒤 딸이 고등학생이 되었을 때다. 어느 날 학교에서 돌아온 딸이 친구의 엄마가 암으로 돌아가셨다고 울먹이며 말했다. 그 사람은 바로 내 새벽 에어로빅 친구였던 그 자모였다. 나는 한동안 공황 상태에 빠질 정도로 충격을 받았다.

내가 알고 있는 건강 상식이 와르르 무너지는 느낌이었던 것이다. 정말 긍정적이었고, 매사에 열심이었으며, 10년을 단 하루도 빠지지 않고 새벽 운동을 했던 그녀에게 어떻게 암이 생길 수 있단 말인가? 고인의 마지막을 보러 딸과 장례식장을 찾았을 때 딸은 차마 영안실 안으로 들어가지 못했다. 친구의 얼굴을 볼 자신이 없다며 울면서 숨어버렸다.

2년 전 고정관념을 와장창 깨자고 강의하셨던 온 국민이 사랑한 강사 한 분도 어느 날 불치의 병으로 슬프게 돌아가셨다. 그분의 강의를 들은 적이 있는데, 그 분은 새벽에 매일 등산을 하는 습관을 갖고 있다고 강의장 가는 곳마다 말해서 약속을 지키기 위해 언제나 새벽 등산을 한다고 했었다. 강의를 들을 때에는 의무감으로라도 건강을 지키는 모습이 좋아보였는데 돌아가시고 나자 자신의 원칙을 지키기 위해 혹시 지나치게 몸을 힘들게 한 건 아닌가 하는 생각을 혼자 했었다.

나는 내가 사랑하는 사람들에게 자주 말한다. 자신이 정한 원칙이 자신의 건강을 방해하는 것이라 느껴지면 그 원칙을 버리거나 수정하라고. 얼마 전 내가 존경하는 막내의 초등 1학년 때 담임선생님을 뵈었을 때도 선생님이 피곤해 보여 말씀드렸다. 선생님은 환갑이 넘으셨고 아직도 아이들을 가르치신다. "선생님. 혹시 선생님이 중요하게 생각하는 원칙이 있어도 그 원칙이 선생님의 건강을 해치는 거라면 그 원칙 버리세요. 선생님을 사랑하는 사람들은 선생님이 그 원칙을 잘 지키나에 관심 있는 게 아니라 그들 곁에 오래오래 건강하게 계셔주는 걸 더 원하거든요"

그러자 선생님은 내 손을 잡으며 말씀하셨다. "민혜 엄마, 너무 고마워. 사실 요 며칠 내가 몸이 안 좋아 새벽 기도를 빠졌거든. 그래서 마음이 너무 불편했었는데 민혜 엄마 얘기를 듣고 보니 하나님은 나를 사랑하시니까 내가 힘들 땐 쉬는 걸 더 원하신다는 걸 알았어" 선생님은 활짝 웃으시며 말씀하셨다.

내가 가진 원칙 속에 갇혀 또는 누군가의 평가가 두려워 쉬어주기를 바라는 내 몸의 소리를 무시하면 몸은 나에게 병으로 복수한다. 나는 기본이 되는 원칙은 갖고 있되 내가 더 중요하다고 여겨지는 것을 그 원칙이 방해할 땐 언제나 버릴 수 있는 사고의 유연성을 갖도록 노력한다.

PART

03

현명한 아내는 지는 듯 이긴다.

주먹을 이기는 것은 보자기다

가위바위보 게임에서 바위를 이기는 것은 더 강도 높은 바위가 아니라 부드러운 보자기다. 같은 바위끼리는 서로를 부딪히며 상처를 내기 때문에 어느 한 쪽이 이기는 게임이 결코 되지 못한다. 물리적 힘으로 맞대응하는 행위는 자신을 상처 나게 할 뿐만 아니라 더 큰 강도로 공격하게 만들려는 본성이 있어 결국은 양쪽 모두에게 파괴적이다.

나는 다른 사람의 마음을 아프게 하거나 상처를 주면 그보다 훨씬 아파하는 성격임을 스스로 잘 알기에 이 보자기 사랑 이론을 좋아했다. 여린 내 마음에 누가 상처를 입히는 것도 못 견디고, 다른 사람에게 상처 주는 말이 내 입을 통해 나간다는 것도 견딜 수 없이 아프기 때문이다.

성향이 바위인 사람은 보자기가 부드럽게 응해주면 자신의 딱딱함이 유약해 보이는 보자기쯤은 당연히 이긴 걸로 알고 방심한다. 곧 보자기에 싸여 숨도 못 쉬고 지게 될 것을 알지 못한다. 그는 언제나 바위처럼 완고한 남편이었고, 내가 하는 모든 걸 하지 못하게 반대했지만 나는 이 이론을 알고 있었기에 항상 부드러운 보자기로 그를 숨도 못 쉬게 했고 내가 원하는 것들을 하며 살아온 것 같다.

다투지도 않았고 언쟁을 하지도 않았지만 그가 사지 말라는 것들도 샀고 하고 싶어 한 일들도 했다. 어찌 보면 내가 하려고 한 일들이 궁극적으로는 가족을 위하는 대의명분이 분명한 일들이어서 주먹이 보자기 속에 들어가는 척해 준 건지도 모르겠다. 만약 그랬다면 바위의 성격을 파악해 그에게 정면으로 대항하지 않고 보자기가 되는 자세를 만들어간 아내에게 감사한 마음이 있어서였을 것이다.

아이에게 읽혀줄 책을 살 때 이민 간 사람에게서 헐값에 샀다고 거짓말을 하고 책값으로 한 달 점심을 굶겠다고 말하는 아내에게 야단을 퍼부을 남편은 아마도 없을 것이다. 속아주는 척하면서 넘어간 것이다.

진정 지혜로운 아내라면 이성과 논리로 냉정하게 따져서 남편을 정면에서 이해시켜 동의를 구하는 방법만이 능사는 아니라는 걸 알아야 한다. 때로는 우회적으로 돌아서 기회를 보아 부드럽게 바위를 감싸 숨도 못 쉬게 싸버리는 지혜도 필요하다.

아직도 남편은 자기가 늘 나를 이겨온 줄 알고 있으니 배우자의 마음 상하게 하지도 않으면서 하고 싶은 것들을 다 해온 셈이다. 이런 게 확실한 KO승 아닌가?

남편의 성격 유형에 따라 작전을 달리한다

유난히 더운 어느 해였다. 몇 십 년만의 더위라고 매스컴에서 떠들어댔다. 몹시도 더위를 타는 나도 문제지만 가족들을 편하게 해 주고 싶어서 에어컨을 사야겠다고 결심했다. 남편에게 미리 말하면 분명히 사지 못하게 할 게 뻔했다. 근처 대리점에 가서 에어컨 한 대를 급히 설치해 달라고 말했다. 그리고 남편 몰래 사는 것이니, 할

부 지로 용지는 우리 집으로 직접 보내지 말고 내가 가지러 온다고 말했다.

다음날 에어컨 설치를 해놓고 그가 퇴근할 무렵 거실을 시원하게 만들어놓았다. '띵똥~' 명랑한 초인종 소리가 들리자 얼른 나가 문을 열어주고 에어컨 앞으로 그를 데리고 와 초인종보다 더 통통 튀는 목소리로 말했다. "어서 오세요~. 이렇게 더운 날 오늘도 가족을 위해 열심히 돈을 벌어 오시느라 얼마나 수고가 많으셨어요. 기뻐하세요. 드디어 내가 오늘 적금을 탔답니다. 남편을 위해 1년 동안 에어컨 구입용 적금을 들었는데 오늘 만기가 되어 돈을 받아 에어컨 설치를 했잖아요~. 호호 기쁘시죠?"

안방에 들어가 옷을 갈아입고 나오면서 "뭐라고! 에어컨이 전기세가 얼마나 나오는데! 도대체 정신이 있어 없어! 다음부터는 나한테 물어보지도 않고 뭘 사기만 해봐라!" 그래 놓고 방바닥에 큰 대자로 드러누우며 "어쨌든 시원~하다. 하하" 했다. 대한민국 최고의 단순 심플한 남자가 바로 내 남편이다. 며칠 전에 겁 없이 내가 뭘 샀을 때도 "앞으로 한 번만 더 말 안하고 일 저질렀단 봐라! 가만 안 둔다!" 소리를 꽥 질렀던 걸 기억 못한다.

아내가 아무리 잘못했어도 지난 일을 돌이켜 되새김질해 가며 추궁하지는 않는 남편의 성격을 파악했기에 그에게 사전에 의논하면 허락하지 않았을 일들은 미리 내가 저질러 버렸다. 예를 들어 아이들 책이나 교구를 살 때에 나는 알아서 사고 그에게 한 번 큰소리 듣는 길을 택했다. 그 덕분에 내가 가려는 방향이 옳다는 확신이 있을 때면 나는 남편에게 의논하지 않고 내가 판단하고 저질렀다.

물론 그 모든 것이 가족을 위한 것이고 훗날 내 판단이 옳았다고 그가 말할 걸 확신한 경우들이다. 무엇이든 부부가 의논해 결정하는 것이 가장 바람직하겠지만 대화와 타협의 상대로 부족한 막무가내형 남편을 가졌던 나는 때때로 남편의 의견을 무시하고 진행하는 나쁜 아내가 되는 쪽을 선택해 버렸다. 당장은 나쁜 아내 같지만 훗날 돌이켜보면 그 길이 지혜로운 아내의 길이라는 확신을 가졌기 때문이고, 실제로 지금 그는 많은 걸 나에게 고마워한다.

적금 타서 완불했다고 말했던 에어컨 할부금을 남편 몰래 갚느라 14개월 동안 허리띠 졸라매 허리가 끊어질 뻔했지만 그해부터 가족들 모두 시원한 여름을 가지게 되어 행복했다.

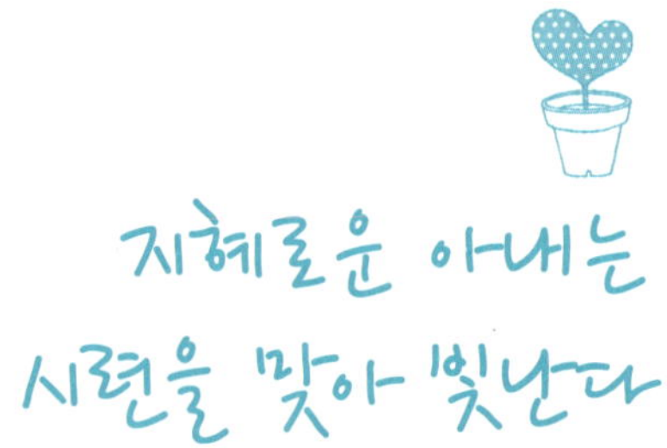

지혜로운 아내는 시련을 맞아 빛난다

맏딸이며 맏며느리인 위치 때문일까. 나는 항상 현재를 살면서도 미래를 머릿속에 그리는 습관이 있다. 친척들이 와서 둘러앉아 재미있게 게임을 하고 있으면서도 나는 머릿속으로 친척들이 우리 집에 머무는 동안 중복되지 않게 대접할 음식의 메뉴와 적당한 간식을 생각한다. 친척들의 즐거운 기분이 우리 집을 떠나는 순간까지

이어진 채 돌아가기를 바라며, 함께 먹을 음식과 같이 놀거리를 생각하곤 했다.

현재의 달콤함과 행복이 일시적인 것이 아닌 오래도록 지속될 수 있도록 애를 써야 하는 것은 결혼생활에서도 필수적이다. 결혼이란 서로 다른 환경에서 살아온 전혀 남이었던 두 사람이 같은 배를 타고 세상을 항해하는 동지가 되는 행위라는 생각이 든다.

상상 속 여행은 멋지고 근사하기만 해 두 사람은 기대에 부풀어 순조로운 항해를 시작하지만 머지않아 생각만큼 순탄한 여정이 아니라는 것을 깨닫게 된다. 배에는 곧 다른 가족 선원들이 생기고, 점점 무거워지며, 저어야 할 노의 무게는 커져만 간다. 노를 저어갈 바다의 수면이 고요하다면 어렵지 않게 남편 혼자 노를 저어가도 힘에 부치지 않고 순조로운 항해를 할 수 있으련만 인생의 바다라는 게 누구나 바라듯이 그렇게 순탄하지만은 않다.

때로는 거센 파도도 만나고 휘몰아치는 폭풍우에 휩싸이기도 한다. 뜻하지 않은 거센 풍랑을 만나 노를 젓던 남편이 지쳐서 힘을 잃게 되고, 가족이 탄 배가 방향을 잃고 흔들거리는 상황이 올 수도 있다.

지혜로운 아내는 고난을 겪을 때 빛난다. 당황해하지 않고 의연히 남편 대신 노를 저어가며 남편이 기운을 회복할 수 있게 힘을 줄 수 있어야 한다. 세상에는 나만 예외인 채 비켜가는 불행은 없다.

나에게는 다가오지 않을 것만 같은 상황에 놓일 가능성은 누구에게나 있다. 그러므로 만약에 대비한 능력을 갖추어 놓는 것이 낫다.

평온하던 가정이 하루아침에 붕괴되는 모습을 적지 않게 보았는데 대부분 남편만 의지하고 살아온 경우였다. 세상은 항상 평화롭고 순조로울 거라 생각하다가 갑자기 준비도 없이 맞이한 가족의 불행을 감당할 수 없게 되어 순식간에 균형을 잃고 흔들리게 되는 것이다. 가장의 실직보다 더한 가장의 갑작스런 죽음과 같은 극단의 불행을 겪을 수도 있다. 이 극단의 경우에도 가정은 지켜져야 한다. 아이들은 부모로부터 보호받고 양육받을 권리가 있기 때문이다.

아들 학교의 자모회장을 할 때였다. 자모회에서 조금씩 기금을 모아 소년·소녀 가장인 아동들의 집을 방문하여 작은 정성을 전달하는 행사를 한 적이 있었다. 각 학급의 담임선생님들에게서 학생들의 명단을 받아 집집마다 방문해 쌀을 한 포대씩 전달하며 그들의 어려운 이야기도 듣고, 격려도 하고, 용기도 주었는데 그 행사를 하기 전에는 몰랐던 것을 알고 놀랐다.

부모가 두 분 모두 사망해 소년·소녀 가장이 된 경우는 별로 없었다. 병이나 사고로 남편이 죽게 되자 아내는 남아있는 가족과 함께 살아갈 자신이 없어 아이들도 버리고 집을 나가버린 경우가 많았다. 심지어는 남편이 큰 사고를 당해 입원을 하게 되자 병원에 남편을 두고 집을 나가버린 경우도 있었다.

인생의 항해를 시작하는 날 신랑과 신부는 확신에 찬 선서를 한다. 주례는 비가 오나 눈이 오나 서로를 믿고 위할 것인지 엄숙히 묻고 신랑 신부는 큰 소리로 그러겠다고 대답한다. 항해를 시작하는 부부는 삶의 어느 순간 어떤 일을 만나더라도 서로 의지하고 도와가며 끝까지 난파하지 않고 헤쳐 갈 결심을 해야 한다.

나에게도 시련은 찾아왔다. 내게는 결코 일어나지 않을 것 같았던 남편의 실직을 겪으면서 속으로는 당황했지만 나는 크게 호흡을 가다듬고 더욱 눈에 힘을 주며 세상을 바라보았다. 새로운 일을 찾도록 남편에게 끝없이 용기를 주면서 세 아이를 키우고 시부모님의 용돈까지 챙겨 드리며 의연히 견뎌내었다. 그동안 남편이 가져다주는 안정적인 수입에 안주해 그의 그늘 뒤에 편히 숨어 세상을 즐기려만 했다면 나 또한 많이 당황하였을 것이다.

그러나 세 아이의 엄마로, 한 집안의 맏며느리로 혹시 우리 집을 위협하는 불행이 다가올 때 소중한 내 가족을 지켜내야 한다는 각오로 세상과 마주하며 익힌 크고 작은 경험들이 나에겐 커다란 재산이었다는 것을 뒤늦게 깨달았다. 그 경험들을 통해 내 가족을 위해서는 무슨 일이라도 할 수 있다는 자신감을 준비해 두고 있었던 것이다.

내 경험을 기억하며 강의를 마칠 때쯤 한마디를 더하는 버릇이 생겼다. "인생의 선배로 한마디 덧붙입니다. 세상을 살아가다보면 예기치 않은 일들은 얼마든지 일어날 수 있습니다. 그때 아이를 지켜낼 수 있는 바람막이 역할을 할 수 있는 힘을 엄마는 길러 놓아야 합니다. 아이들 유치원 간 시간에 자격증 공부를 하든지 오전 시간을 이용해 할 수 있는 일을 찾는 것이 좋습니다. 미래를 준비하는 지혜로운 아내는 위기에 빛납니다. 옆집 아줌마랑 남편 흉보거나 뒷집 아줌마 신발 바꾸는데 따라다니시지만 마시구요~"

어린 자녀를 둔 엄마일수록 실천력이 크다. 까르르 웃는 엄마들의 눈에서 미래를 준비하겠다는 강한 의지를 읽으며, 나는 감사의 박수를 뒤로 하고 행복하게 강의장을 나온다.

남편을 흉보는 법도 연구한다

내 엄마는 속으로 꾹꾹 잘 참는 능력이 있는데 나는 그게 안 된다. 화가 나고 답답하면 떠들어대야 한다. 결혼하기 전에는 매력처럼 느껴지기도 했던 그의 섬세하지 않은 성격은 결혼을 하고 나자 사사건건 부부 싸움의 불씨가 되었다. 생각도, 자란 환경도 다른 두 사람은 아주 사소한 것에서도 마찰을 일으켰다.

그런데 문제는 남편과 다투어도 마땅히 하소연할 데가 없다는 거였다. 결혼한 언니나 여동생이 있다면 딱 좋았을 텐데……. 외동딸로 낳아준 엄마가 원망스러웠을 때가 부부싸움을 하고 난 후였다. 엄마에게 말하면 속상해 하실 테고 친구들에게 말하면 괜히 내 얼굴에 침 뱉는 것 같아 속으로 참았다. 그러나 임금님 귀는 당나귀 귀라고 외친 이발사처럼 말을 하고 싶어도 마음속에 혼자만 갖고 있어야 하는 이야기가 있다면 큰 스트레스다.

조선시대 여인들은 온갖 시련을 다 겪으면서도 인내하며 잘도 살았다는데 그런 능력이 부족했던 나는 내 속의 화를 푸는 방법으로 지금 생각하면 웃음이 나오는 일을 했다. 부부 싸움을 하고 그가 너무나 미워 마구 욕을 퍼붓고 싶을 때 나는 나만의 공간인 다락에 올라가 잠든 그의 얼굴을 보며 빈 공책에 그에 대해 퍼부어댔다.

심할 때는 입으로는 할 수 없는 공격성 표현도 적었다. 그러고 나면 속이 좀 후련해진다. 나는 입을 통해 나오는 말이 내 인격이라 생각하는 버릇이 있다.

그래서 아무리 화가 나도 남편에게든 아이에게든 다른 사람에게든 비이성적인 표현을 쓰는 것은 자제하려고 노력한다. 나를 화나게 만든 사람보다 내가 그 사람에게 한 표현 때문에 더 우울해질 것을 알기 때문이다.

다른 사람에 의해 내 감정이 흔들려 정신에 해를 입는 것도 억울한데 내 입을 통해 내 마음에 들지 않는 표현이 나온다는 건 견딜 수 없다. 그래서 남편에게도 나쁜 말을 안 한다. 엄밀히 말하면 그를 인격적으로 보호해 주기 위해서가 아니라 내 인격을 보호하기 위해서인 셈이다.

남에게 남편 험담하기는 싫은데 속으로 화를 갖고 있으면 병이 될 수도 있을 때 가끔 써먹으면 참 좋은 방법이라 생각한다. 말이란 한 번 입 밖으로 내면 오래도록 가슴에 상처가 될 수 있으니 화가 났을 때 하는 말은 조심해야 한다. 이성을 잃었을 때 하는 말은 상대방을 상처주기 위해 자신이 실제로 생각하는 것 이상으로 과장하여 표현하기 쉽고, 말하고 나서 아차 하는 생각이 들어도 한 번 뱉은 말은 주워 담을 수가 없어 두고두고 책잡힐 수 있는 미끼가 되기도 한다.

그러므로 소리 안 나는 말인 글로 퍼부어 버리면 뒤끝이 없어 좋다. 재미있는 건 그러고 나서 며칠 후 화해를 하고 사이가 좋아졌을 때 다락에 감춰둔 그 공책을 꺼내 읽어보면 가슴이 철렁해지기도 한다는 것이다. 부부 싸움은 칼로 물 베기라고 한 말은 정답이다.

내가 이 사람에게 이런 심한 말을 적었단 말인가 반성하며 그가 볼까봐 얼른 찢어버리기도 한다. 신혼 초에야 나와 내 남편을 보호할 생각으로 이런 순진무구한 방법으로 화를 풀었지만 점점 결혼 생활이 오래되면서 친구들을 만나면 험담을 하기도 했다. 그런데 내가 아무리 그의 흉을 보아도 나는 그를 보호하면서 험담을 하고 있는 것을 발견했다. 험담의 수위가 깊지 않으며 다른 점은 다 좋은데 그 점만 고쳐주면 금상첨화라는 생각을 은연중에 내 비치고 있었다.

험담해 봤자 같이 안 살 사람도 아닌데 어쩔 수 없다는 자포자기식 포용이었는지, 남편에 대한 애정에 근거한 보호 의식이었는지는 몰라도 그의 인격에 겉옷을 입혀놓은 채 겉만 두드리고 있는 것을 알았다.

그리고 재미있는 것은 내 말을 들어주고 내 편이 되어주는 사람들에 대한 내 모순된 태도이다. 내가 실컷 남편의 험담을 늘어놓아도 듣는 사람이 같이 덩달아 내 편을 들며 남편을 공격해 오면 슬그머니 기분이 상해진다. 그냥 들어만 주어 답답한 마음 풀리게만 해주기를 원할 뿐 동조해 같이 공격하고, 심지어는 그런 사람하고 살지 말고 헤어져 버리라는 조언까지 친절(?)하게 해주면 그 친구는 앞으로 마음 터놓을 수 있는 친구 목록에서 제외되어 버린다.

내 그런 모순된 감정을 파악하고, 나도 내 친구가 남편 험담을 해오면 그녀의 남편을 변호해주고 같이 이해하고 살라고 조언하게 되었다. 부부간의 문제는 남이 아무리 조언이라고 해 주어도 부부 스스로가 해결해야 할 문제임을 알았기에 다른 사람들에게 굳이 내 남편에 대해 큰 험담을 하고 싶지는 않다.

물론 내 책이나 강의 내용에 등장하는 그는 그리 자상하고 다정한 남편은 아니다. 하지만 그의 인격에 상처를 줄 정도의 험담을 하지는 않는다. 그런데도 남편은 나에 대해 불만이 많다. 내 책도 읽고 강의도 한 번 들은 적이 있었는데 강의 중 악역으로 등장하는 것이 불만이라며 내가 이번에 새 책을 한 권 쓴다 하니 제발 가족들 등장시키지 말고 소설이나 쓰라 한다.

'소설이나'라니요? 소설가가 아무나 되는 줄 알아요? 그리고 내가 없는 말 했나요? 당신이 애들 책 사려고 할 때, 책 사기만 하면 책하고 나하고 같이 던져버린다고 했잖아요! 25년 동안 생일 한 번 제대로 안 챙겨준 것도 맞구요! 글에 좋은 사람으로 등장하려면 평소에 아내에게 잘 하시든가" 오히려 큰 소리쳐버렸다.

그런데 요즘은 생각이 좀 변했다. 나는 다른 사람을 행복하게 만들어주는 남편을 갖고 있다는 것을 알았다. 내가 남편에 대해 있는 그대로 말하면 사람들이 모두 자기 남편에게 무척 고마워하며 감사해하기 때문이다. '저 강사는 이런 고약한 심성의 남편과도 스트레스 제로로 사는데, 이 정도의 내 남편에게 불평을 하고 있었다니 반성해야겠다'의 분위기로 몰고 가 대한민국 온 가정을 화기애애하고 행복하게 만들어준다면 이건 분명 천당 갈 일이 아니겠는가?

남편에게 아주 심한 것은 말 안하고 숨겨줄 테니까 적당히는 있는 그대로 쓰고 말하게 해달라고 부탁했다. 그러면 분명히 천당 갈 거라 했더니 허락해줬다.

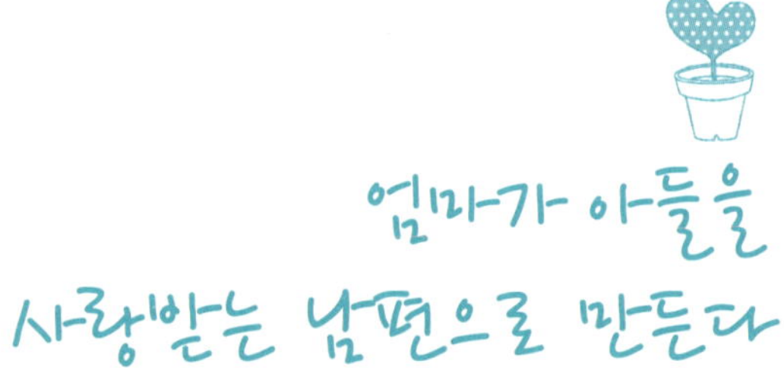

엄마가 아들을 사랑받는 남편으로 만든다

가난하게 자랐어도 나는 부유한 사람을 만나 풍족하게 사는 것을 결혼 생활의 성공으로 생각하지는 않았다. 예쁘게 사는 것을 꿈꿨다. 그를 처음 만났을 때 나는 노래를 좋아하냐고 물었고, 그는 좋아한다고 대답했다. 나는 듀엣으로 아름다운 화음을 넣어 노래하는 것을 좋아했고, 결혼을 하면 남편과 다정하게 노래를 부르며 살 거라 생각했다.

그는 맑은 음색의 목소리를 가졌는데 어쩌면 그 점이 나에게서 높은 점수를 받게 한 건지도 모르겠다. 연애 시절에는 내 기타 반주에 맞춰 함께 노래하는 것을 즐기더니 결혼을 하자 본래 자기는 노래를 별로 안 좋아한다고 말했다. 연애를 할 때는 눈이 멀어 잘 몰랐던 그의 다정하지 못한 성격도 결혼을 하고 나니 드러났다.

남편이 장남이라 부모님을 모시고 살아야 한다고 해서 시댁으로 들어가 신혼을 시작하였다. 신혼여행을 다녀오자 어머니가 나도 뒤늦게 눈치챘던 그의 성격에 관해 말씀하시면서 조언을 해주셨다. 그의 성격이 유별나니 남편이 화가 나면 절대 대꾸를 하지 말고 물을 마시라고 하셨다. 그런데 물을 삼키지는 말고 입에 머금고 있다가 그의 화가 가라앉으면 삼킨 후 하고 싶은 말을 하라고 하셨다.

그날 나는 어머니도 인정하는 그의 고약한 성격을 순화시키기 위해 특별한 계획을 세웠다. 매주 월요일마다 신혼방 벽에 이 주의 명시를 붙여놓고 외어서 토요일에 나한테 검사받으라고 했다. 말도 안 된다는 그에게 매일 밤 월요일에 적어둔 시를 기타 반주에 맞춰 들려주었다.

그 바람에 재미있는 일도 있었다. 어느 날 술을 먹고 들어온 그가 나에게 돈 삼만 원을 주며 말했다. "오늘 말야. 내가 마누라를 잘못 만나 일거리 하나 맡아왔다. 글쎄 김 부장이 일이 잘 안 풀려 속상해 하길래 직원들하고 같이 회식 자리를 마련했거든. 나한테 소주를 한 잔 따라주길래 마시는데 내 입에서 갑자기 이상한 구절이 흘러나오는 거야. 인생은 외롭지도 않고 그저 낡은 잡지의 표지처럼 통속한데 그냥 흘러가는 대로 삽시다~. 아! 그랬더니 나보고 문학적 감성이 뛰어나다고 문학부장을 하라는 거야. 너 때문에 생긴 일거리니까 네가 책임져. 내일 서점에 가서 베스트셀러 하나 사서 읽고 줄거리를 자세히 적어줘!"

속으로 웃음이 나왔다. 책과는 거리가 먼 사람이 문학부장이라니~. 그 주 월요일에 박인환의 〈목마와 숙녀〉라는 시를 붙여놓고 내리 5일을 밤마다 기타 반주하며 들려주었더니 그의 입에서 그 시의 가운데 한 구절이 무의식중에 흘러나왔던 것이다. 문학부장의 아내가 되어 시도 적어주고, 좋은 책도 선정해주며, 몇 달을 공짜로 책을 읽었던 즐거운 기억이 있다. 지금은 아득한 추억이 된 그 사건을 생각하면 참으로 오래전부터 마치 사람 성격 순화의 미션이라도 받은 것처럼 애써온 것 같아 한편으로는 기특하고 한편으로는 애처로운 마음으로 나를 돌아보게 된다.

그를 보면 사람이 이렇게 오랜 시간 노력해도 변하지 않을 수 있을까 하는 생각이 들어 참 놀랍다. 나의 그런 정성과 노력에도 불구하고 그는 여전히 내가 마음속에 그려온 다정한 남편과는 거리가 먼 모습이기 때문이다. 무엇이든 쉽게 포기하지 않는 나에게 그는 여전히 내 도전 목표이고 연구 대상이다.

아들은 아버지를 닮는다는 말을 들을 때면 섬찟하여 연구를 게을리할 수가 없다. 훗날 내 며느리가 될 사람의 마음을 아프지 않게 해야 한다는 생각에 남편의 성격 분석과 성격 개조는 결코 포기할 수 없는 과업이다. 지금까지 분석하여 찾아낸 그의 성격에 대한 가장 신빙성 있는 원인은 어머니의 잘못된 양육이었다.

신혼 초 그와 나는 둘 다 회사를 다녔는데 그는 회사에 갔다 오면 무조건 텔레비전을 보며 놀았고 나는 집안일을 해야 했다. 나는 그것이 부당하다 여겨 어느 일요일 부모님이 외출하셨을 때 그에게 마당을 쓸라고 시켰다. 둘 다 직장 일을 하니 혼자만 집안일을 하는 것은 부당하다는 내 논리가 맞다고 생각했는지 그는 빗자루를 들고 설렁설렁 떨어진 낙엽을 쓸었다.

그런데 외출하고 돌아온 어머니께서 그가 마당을 쓸고 있는 것을 보시고 물으셨나보다. 그는 내가 시켜서 한다고 말을 했고, 어머니는 그의 말을 듣고 나를 불러 말씀하셨다. "아가. 네가 아들보고 마당 쓸라고 그랬냐? 앞으론 절대 그런 말 하지 말아라. 남자는 집안일을 하면 나가서 큰일을 못하는 기다" 어머니는 경상도 분이셨는데, 남녀 차별이 무척 심하셨고 더구나 장남인 남편에 대해 어머니는 과도한 애정과 집착을 갖고 계셨다.

어머니와 남편을 보면서 나와 아들을 대입해보기도 한다. 그리고 어머니가 남편에게 했을 것 같은 말씀과 행동의 반대되는 말과 행동을 의도적으로 할 때도 있다. 고맙게도 아들은 심부름이든 청소든 시키는 대로 잘하고, 무엇이든 내가 부탁하면 잘 도와준다. 언제 배웠는지 요리도 잘해서 김치볶음밥은 나보다 맛있게 한다고 막내는 오빠에게 주문하기도 한다. 아빠를 안 닮아 참 다행이다 싶다.

사람의 성격 바꾸기도 오래된 습관 바꾸기나 오래된 비만 퇴치하기와 비슷하다는 생각이 든다. 뇌가 바뀐 습관과 몸을 기억할 수 있도록 일정 시간 이상 꾸준히 노력해야 된다. 일시적으로 좋아진 현상에 즐거워하다 계속적 시도를 그만두면 어느새 본래대로 돌아가며 때로는 요요현상까지 나타나 스트레스로 더 악화되기도 한다. 그러므로 하루아침에 바뀌기를 기대하지 말고 인내심을 갖고 꾸준히 노력해야 한다. 마음에 들지 않는 습관을 바꾸려면 그 습관을 가져온 시간만큼 시간이 흘러야 한다.

올해는 그의 나이의 꼭 반을 나와 함께한 의미 있는 해다. 왠지 이제부터는 그 동안의 내 노력이 조금씩 눈에 띄는 변화를 그에게서 이끌어낼 것만 같다. 어머니가 그를 비록 권위적이고 무감정의 뻣뻣한 남자로 길러주었어도 성격 개조를 위해 내가 노력한 시간이 더 많아졌으니 이제부터는 서서히 변하는 모습이 나올 거라 믿는다.

처마 밑에 떨어진 낙숫물에 땅이 패이듯이 그의 메마른 감정에도 이제쯤이면 촉촉한 감성이 스며들지 않았을까 믿고 싶다. 벌써 전과는 다른 조짐이 보이기도 한다. 며칠 전 원고 쓴다고 책상에 앉아

배가 고프다고 하니 "먹을 거 만들어 줄까?" 하길래 놀라서 쳐다보니 "라면은 끓일 수 있어~" 해서 감동했다. 아직은 턱없이 부족한 다정함이지만 시간이 흐르면서 더 큰 변화가 올 거라 믿어본다. 아니 확실히 그의 나중 모습은 흡족할 거라 믿고 있다.

내가 좋아하는 아버님의 아들이니 자상하게 닮아가겠지 기대해 본다. 평생을 함께 가야 하는 사람은 있는 그대로의 모습을 받아들이고 맞추어 가는 한편, 더 좋은 모습이 되도록 조금씩 변화시켜가는 노력이 필요하다. 그렇지만 그보다 더 중요한 것을 나는 내 남편과 살면서 깨달았고 누구에게나 말해주고 싶다.

남의 집 귀한 딸 고생 안 시키게 각자의 아들들을 집안일도 시키고 배려하는 마음도 길러주어 훗날 사랑받는 남편으로 만들 노력을 세상의 엄마들은 해야 한다고 주장하고 싶다. 하지만 초긍정덩이인 나는 내 작은 머리를 요리조리 굴리며 그를 더 좋은 성격으로 만들려고 노력하며 살아온 지난 시간들도 돌이켜보면 즐겁다. '이런 시도엔 이런 변화를 하나보다' 마치 연구원의 실험 과정처럼 과정도 즐기고 좋은 결과도 기대하고……. 행복은 작고 소중한 느낌들의 합 같다.

부부는 인생이라는 무대 위의 남녀 주인공이다

생각해보면 그는 나에게 참으로 여러 가지 모습을 가진 남자다. 평소에는 아들 같다. 누가 나에게 가족 관계를 물으면 "아들 둘, 딸 둘인데 큰아들이 나이가 좀 많아" 말해놓고 같이 깔깔 웃곤 하는데 진심이다. 뭐하나 제대로 챙겨서 할 줄 아는 게 없다.

지금까지 단 한 번도 자기 옷과 자기 신발을 스스로 산 적이 없

다. 옷장에는 내 옷 밖에 없는 것 같아 괜히 미안해져서 옷 사러 가
자고 하면 옷장이 텅텅 비어 있는데도 입을 게 많은데 왜 사냐고 절
대로 안 따라나선다. 몸집이 작은 편인 그는 아무거나 잘 맞지 않아
나는 그의 옷 사오기가 꺼려진다. 어쨌든 내 옷장을 다 채우고 넘어
갈 공간이 많은 점은 신난다.

때로는 내 전용 분실물 센터 직원 같다. 내가 잃어버린 것을 귀신
같이 잘 찾아준다. 아주 오래 전 일이다. 남편과 저녁 늦게 차를 타
고 여러 가지 일을 처리해야 해서 나갔다. 슈퍼에 들렀다가 대량 복
사 할 일이 있어 건대입구 복사집에서 복사를 하고 구의동 신한은
행에 들렀다. 갖고 있던 현금을 은행 자동화 기기에 입금하려고 하
는데 외투 주머니에 넣어둔 지갑이 사라진 게 아닌가!

지갑에는 현금 40만 원이 들어있었다. 하늘이 샛노래졌다. 눈물
이 펑펑 쏟아져서 어쩔 줄 몰라 하는 나에게 그는 침착한 얼굴로
내가 간 경로를 생각해보라 하더니 다시 차를 몰아 복사집으로 갔
다. 복사집 앞의 차들이 나란히 줄 세워진 보도블록 경사진 면에
내 빨간 지갑이 얌전히 놓여있었다. 내가 조수석에 올라타 문을 닫
으면서 내 외투 속에 있던 지갑이 떨어진 것이었다. 다행히 어두운
밤이라 색깔이 짙었던 내 지갑은 누구에게도 발견되지 않고 떨어진
그 자리에 그대로 있었다.

그는 기억하고 있을지 모르지만 지금도 그 사건을 생각하면 참

고맙다. 그날 지갑을 찾지 못했다면 오랫동안 자책감에 시달렸을 것이다. 나에겐 너무나 큰돈을 내 덜렁거림으로 잃어버렸다는 생각에 눈물까지 글썽이며 어쩔 줄 몰라 하는 나에게 "진정해, 그 돈 못 찾으면 내가 줄게. 그까짓 돈 40만 원에 울고 그러니. 다시 왔던 길로 돌아가보자"라고 말하며 침착하게 나를 위로하며 문제를 해결해주었던 그가 정말 감사하다.

그밖에도 건망증 3단인 내가 어디에 둔지 몰라 헤매다 구조 요청하는 사람은 언제나 그이고, 그는 그럴 때마다 모든 내 물건의 위치를 다 파악하고 있는 분실물 센터 직원처럼 신기하게 착착 찾아내준다.

그는 나에게 가장 가까운 친구 같은 때도 있다. 영국의 한 출판사에서 친구를 가장 잘 정의한 사람에게 상을 준다는 공고를 냈는데 1등을 한 사람의 글이 "이 세상의 모든 사람이 모두 내 곁을 떠났을 때 나에게 남아있는 사람"이라고 했다는데 나에게도 그가 마지막 남아있을 사람 같다.

내가 믿었던 사람에게서 마음의 상처를 입고 힘들어 할 때 가장 가까이에서 나를 위로해주고 힘을 주는 사람은 남편일 거라는 생각이 든다. 그리고 나를 지지해주는 그의 힘을 믿기에 능력도 없으면서 나는 무엇이든 도전할 힘과 용기를 갖고 있다고도 생각한다.

세상을 처음 마주하는 아이처럼 아직도 나는 이 세상 모든 게 신기하고 재미있고 알고 싶다. 보이는 모든 것이 궁금하고 해보고 싶다. 그리고 익을수록 고개를 숙여야 한다는 원리를 알면서도 잘난 체하기 좋아하는 것도 아이 같다. 《10살 전 꿀맛교육》을 쓰고 텔레비전에 출연해 강의를 하고 라디오에서 방송을 하면서 나는 갑자기 내가 무척 유명해진 걸로 착각하고 남편에게 뽐냈다. "당신은 텔레비전에 나가본 적 있어요? 유명한 아내랑 사는 거 영광이라고 생각하라구요~" 그랬더니 남편은 내 쪽을 쳐다보지도 않고 TV 화면을 보며 말했다. "너 모르는구나. 남자는 말야, 텔레비전에 얼굴 안 나오고 사는 게 잘사는 거라는 걸"

2008년 2월 남대문 화재 사건으로 밤낮 방화범의 얼굴이 텔레비전에 나오던 때였다. 남편이 나에게 가진 모습 중 하나를 든든한 인생 선배로 해주어도 될 것 같다.

남편을 설득하기 위한 작전은 다양하게 개발해 두어야 한다

나는 《설득의 심리학》이라는 책에서 읽은 상대방을 이해시키는 방법 하나를 잘 써먹는다. 곧이곧대로 말하면 그에게 한소리 들을 게 뻔한 일을 이야기해야 할 경우 주로 사용한다. 실제 상황보다 더 안 좋은 시나리오를 꾸며 들려주어 그를 긴장 시켜놓고 실제의 이야기를 덜 충격적으로 들리게 하는 방법이다.

생각해보면 그도 나한테 이 비슷한 방법을 써먹은 적이 있다. 핸드폰이 없던 시절 밤늦게 연락도 없이 12시가 지나도록 귀가를 하지 않을 때 화가 머리끝까지 나서 들어오기만 해봐라 벼르지만 시간이 흘러 새벽으로 접어들면 제발 아무 일 없이 돌아만 와 달라 간절히 기도했고, 집에 들어온 그를 보면 반가워 술국을 끓여주었던 기억.

그를 용서할 수 있었던 건 그가 연락을 하지 않았을 때 내가 머릿속으로 상상했던 온갖 안 좋은 시나리오 덕분이었다. 그 시나리오와는 조금도 가깝지 않은 건강한 실제 상황인 것이 감사해서 화났던 것은 잊고 무사히 돌아와 주었다는 것만으로 안도의 숨을 쉬었다. 그 기억이 책에서 읽은 심리전 승리법과 버무려져 안 좋은 일을 말해야 할 때 제법 이용하였다.

간 크게 남편 몰래 오피스텔 하나를 계약하고 2년 동안 어떻게 이야기를 해야 덜 야단맞을까 궁리한 적이 있다. 늦둥이 태어나고 가족이 7명으로 늘어나자 갑자기 어깨가 무거워졌다. 전세금 올려주는 것도 버거워 허우적대던 시절, 우리 가족들이 비를 피할 수 있는 곳 하나쯤 갖고 싶다는 생각에 나도 모르게 어느 날 덜컥 분양하는 오피스텔 하나를 계약금만 주고 계약했다. 남편에게 말하면 백프로 말도 안 되는 소리라고 반대할 게 뻔해서였다.

가계부는 아버님께, 막내는 어머님께 맡기고 돈 벌러 나오는 대가로 생활비 백만 원 보태드리고 남은 돈을 모아 저축해 둔 돈을 긁어모으니 오피스텔 계약금이 되었다. 원래 생각은 남편 몰래 2년 동안 돈을 많이 벌어서 오피스텔 잔금을 다 치르고 케이크 하나 사들고 들어가 가족들에게 자랑스럽게 말 할 참이었다. 드디어 우리 식구 비 피할 수 있는 공간을 샀다고.

하지만 그동안 생각만큼 돈을 벌지 못한 채 건물이 완공되고 입주 날짜가 다가왔다. 융자를 끼고 전세 주는 방법도 있었지만 내 사무실을 갖고 싶었다. 그동안은 집에서 컴퓨터로 아이들을 가르치는 화상 강의일을 했는데 집과 사무실을 분리하면 집중을 더 잘할 수 있을 것 같았다. 그리고 가족들도 내가 수업을 하는 동안 텔레비전 볼륨을 신경 쓰는 일이 없으니 좋을 것 같았다.

그러려면 남편의 도움이 필요했다. 어느 날 남편에게 울상을 지으며 말했다. 남편 몰래 돈 좀 벌어보려고 투자했다가 크게 돈을 잃게 되었다고. 그래서 우울한 마음에 강물에 떨어져 버리려고 한강 다리를 왔다갔다 하다가 왔다고. "떨어져 죽는 게 나았을까요? 안 죽고 온 게 잘한 걸까요?" 했더니 눈을 동그랗게 뜨고 안 죽고 온 게 잘한 거라고 말했다. 내가 죽어도 어차피 빚은 남편이 갚아야 하는 거니까 살아서 벌어서 갚으라고 했다.

그리고 아이들을 불러 엄마가 잘해보려고 뭘 하다가 큰돈을 잃은 것 같은데 전셋집을 좀 작은 곳으로 옮겨야 하겠다고 말했다. 가족들의 반응에 나는 정말 놀랐다. 가족들은 아무렇지도 않게 괜찮다고 말하며 오히려 날 위로해 주었다. 그러자 나는 사실은 빚을 진 게 아니라 우리 소유의 오피스텔을 구입한 거라고 말했고, 그는 겉으로는 자신을 놀라게 한 나에게 눈을 부라리며 호통쳤지만 속으로는 좋았을 거다. 빚진 줄 알았다가 재산이 생긴 것이니 말이다.

그런데 그것도 자주 하니 안 통한다. 차를 긁어놓고 "내가 다치고 차 멀쩡하면 좋겠어요? 차 다치고 내가 멀쩡하면 좋겠어요?" 물었더니 "어이구, 차 또 망가뜨렸군. 차도 사람도 멀쩡하면 좋지 임마!" 소리를 꽥 질렀다.

그렇게 쇼를 하며 장만한 내 오피스텔은 지금은 든든한 우리 집 재산이 되었고 역세권이라 살 때보다 가격도 많이 올라선지 남편도 잘했다고 말했다. 설득하는 방법을 다양하게 연구해 남편과 다투지 않으면서도 필요하다 여겨지는 시도는 해보는 게 낫다는 것이 내 생각이다.

한두 가지 정도의 고집은 철학이라 여기고 존중해준다

철학이 있는 사람이 멋있다는 생각을 해왔다. 내가 말하는 철학이란 일종의 그 사람만의 고집이나 주장을 말한다. 이래도 좋고 저래도 좋아 한 없이 좋아보이는 것보다 저 사람은 이건 꼭 해야 하고, 이건 절대 안하는 까탈스런 사람이라는 느낌이 들 때 가끔 근사해 보이고 그 근사함을 지켜주고 싶기까지 하다.

아이들에게 엄마의 존재도 그래야 한다고 강의장에서 말한다. 나는 아이들에게 "우리 엄마는 이건 꼭 해야 안 혼내서" 하는 생각을 갖게 한 것이 있다. 독서와 일기였다. 일기와 독서는 하루도 빼먹으면 안 된다. 아무리 피곤해도 일기는 써야 하고, 단 한 페이지여도 책은 읽어야 잔다. 초등학교 입학하고 6년 동안 지켜온 엄마의 철학이었다. 엄마의 철학을 이해하기에 아이들은 피서를 갈 때도 읽을 책과 일기장은 꼭 챙겼다.

남편에게도 철학이 있었다. 그건 설거지를 하지 않는 것이었다. 나는 그게 그의 철학인지 처음엔 몰랐다. 회사를 다닐 때는 돈을 벌어오니 집안일은 신경 쓰지 않아도 된다고 생각해서겠지만 이젠 집에 있으니 바쁜 아내를 대신해 집안일을 도와줄 거라 생각했다. 그런데 퇴직을 했어도 그는 소신(?)을 조금도 굽히지 않고 고수했다. 청소기를 미는 일과 재활용 쓰레기를 들고 가 분리수거 해주는 일 등 힘을 써야 하는 일은 해주었지만 다른 일들은 못하겠다는 것이다.

처음엔 항의를 하며 대들었다. "그런 게 어딨어? 남녀의 일이 정해져 있냐고요? 뭐든지 같이 하며 사는 게 맞지" 투덜대며 따졌다. 그래도 이제는 가족의 생계를 아내가 돈을 벌어 해결하고 있으니 그도 머지않아 변하게 될 거라고 생각했다. 어느 날이었다. 집에는 막내와 남편 두 사람만 있을 때였다. 강의 일정이 빡빡해 1박을 하고 다음 날 강의를 마치고 돌아오기로 계획을 했다. 남편도 걱정 말라고 챙겨먹을 수 있다고 하며 이틀 먹을 국과 반찬을 준비해두고 내려갔다.

강의를 마치고 돌아오니 씽크대에는 설거지거리가 한 더미 쌓여 있고 그는 막내랑 티스푼으로 밥을 먹고 있었다. 설거지가 되어있지 않아 새 숟가락이 없어서 그랬던 것이다. 그날 나는 아이러니하게도 그가 멋있게 보였다.

그에게 그건 철학이라는 걸 알았다. 그 후 다른 것은 도와달라고 부탁해도 설거지는 절대 안 시킨다. 그가 절대 싫어하는 건 강요하지 않기, 남들이 보기에는 별 것 아니지만 내 남편이 소중하게 여기는 철학이니 지켜주기! 그것도 아내 아니면 남들은 결코 해주기 어려운 배려다.

다른 사람은 어떻게 그렇게 살 수 있냐고 나를 측은하게 여기지만 고슴도치 엄마에게는 자기 아들이 제일 예쁘듯이 내 눈에만 괜찮으면 된다. 가끔 아내가 외출한 날이면 집안일 다 해놓고 밥까지 따뜻하게 지어놓고 기다린다는 친구 말을 들으면 부러움에 눈물이 날 것 같기도 하지만 부러워해봤자 내 남편이 될 확률이 0프로이니 부러워할 시간에 내 남편 길들이는 방법을 연구하는 게 더 낫다.

쉽게 길들여지지 않을 때는 자기 합리화를 해 받아들이는 게 정신 건강에 더 좋다. '좋아하는 것도 없고 싫어하는 것도 없는 줏대 없는 남자보다 절대로 못하는 게 있는 사람이 더 매력 있어'라고 생각하는 게 낫다. 그런데 이건 속으로만 생각해야지 겉으로 말하면 안 된다. 남들에게 말하면 웃을 일이니까. 그래서 그가 절대 하기 싫어하는 일은 시키려고 스트레스 받지 않고 내가 해버린다. 남들 은 나를 멍청하게 볼지 몰라도 나는 이게 편하다.

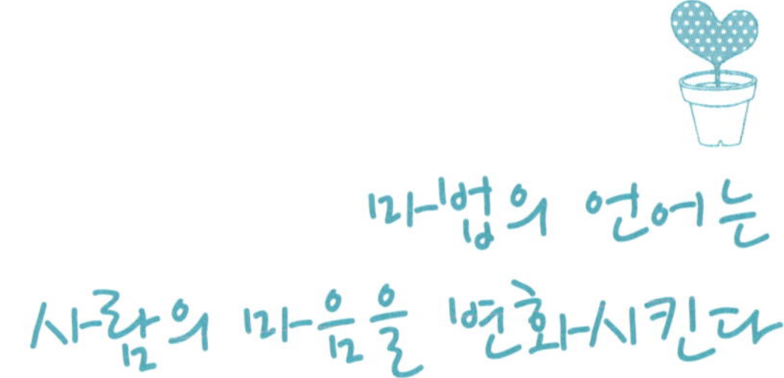

마법의 언어는 사람의 마음을 변화시킨다

앞만 보고 살다가 큰딸이 대학에 가고 나니 비로소 주변이 보였다. 그동안 여러 차례 참석하라고 온 동창회 소식들을 바쁘다고 무시하다가 한두 군데 참석하게도 되었다. 어느 모임의 친구나 모두 만나면 반갑고 기쁘지만 아련한 그리움으로 떠오르는 유년 시절의 추억을 고스란히 갖고 있는 초등 동창들은 유난히 정겹다.

동창회에 갈 때는 주로 차를 두고 간다. 맥주를 한두 잔 마실 수 있기 때문이다. 친구들과 모여 시간 가는 줄 모르고 놀다보면 전철이나 버스가 끊겨버리기 일쑤다. 이때쯤이면 나도 모르게 핸드폰을 만지작댄다. 혹시라도 아내를 챙기는 전화가 오나 살펴봐도 늘 배신이다. 다른 여자 친구들의 남편들은 시간이 늦어지면 전화도 하고 데리러 오기도 하는데 내 남편은 절대 전화를 하는 법도 없고 데리러 올 생각도 안 한다.

대부분 단짝 친구의 남편이 친구를 데리러 온 김에 나까지 우리 집에 데려다 주곤 했는데 남양주로 이사를 오고부터는 여간 미안한 게 아니다. 반대 반향으로 한참을 왔다가 다시 가야 해서다. 한번은 친구의 남편이 태워주는 차를 타고 집으로 가다가 남편에게 전화를 했다. 다른 남편들은 다 데리러 와주는데 강변역까지라도 나와 달라고 했더니 "집에 올 차 시간 체크도 안 하고 돌아다니는 여자가 정상이냐! 난 못가니 알아서 올 테면 오고 말테면 말아!"라고 큰소리 치고 전화를 뚝 끊는다.

씩씩댔더니 내 친구가 성당 신부님처럼 나직한 목소리로 나한테 말했다. "그럴수록 다정하게 대해줘 봐. 너 아까 남편한테 말하는 거 보니까 화가 가득 든 목소리더라. 네 말투가 남편을 자극해 마음과는 반대로 대답하게 한 것인지도 몰라. 내가 네 남편을 모르니? 겉은 그래도 속정은 깊은 사람이란 말야. 골뱅이만 꼬불쳐 놓으면 뭘 해. 표현을 부드럽게 할 줄 알아야지. 골뱅이 갖다 주면서 생각나서 갖고 왔다고 말해. 부탁할 땐 부탁하는 사람이 자세를 낮춰서 말해야지 고자세로 '당신 말야! 나 데리러 와 줄 거야! 안 올거야!' 하면 누가 오고 싶겠니?"

강원도 사는 친구들이 싱싱한 골뱅이를 삶아 왔길래 저녁 먹다 남편이 생각난다고 했더니 내 친구가 남편 갖다 주라고 세 개를 살짝 싸줬다. 나는 그제서야 그동안 부러워했던 내 친구 남편의 자상함이 거저로 생긴 것이 아님을 알게 되었다. 그리고 집에 도착하자 그렇게 전화 끊고 조금은 미안했을 그에게 친구가 시킨대로 골뱅이 쥐어주며 생각나서 갖고 왔다고 말했더니 결혼하고 처음으로 그에게서 신기한 말을 들었다. '고마워'였다.

관계에 있어 많은 것은 상대적이다. 내가 하는 말의 성격에 따라 돌아오는 답도 각각 다르다. 아이들에게도 명령조의 말투로 "슈퍼에 가서 간장 한 병 사와!" 하면 바로 "저 지금 바쁜데요!" 하는 퉁명한 말투의 답이 돌아온다. 반면 "아들~ 지금 바쁘니? 엄마가 부탁 하나 할 게 있는데 슈퍼 가서 간장 한 병 사올 수 있나요? 제발~" 하면 아무리 바쁘고 가기 싫어도 거절을 못하고 바로 슈퍼로 달려간다.

원하는 것을 얻는 방법으로 강요와 요구보다 강력한 것은 바로 부탁이다. 지나가는 아이의 외투를 벗기는 내기를 했을 때 이긴 쪽은 북풍이 아니라 태양이었듯이. 스스로 마음 속 잠금 장치를 무장 해제하게 만드는 마법의 단어가 'Please'이다.

상대방을 꼼짝 못하게 만들고 내가 원하는 대로 부탁을 들어주

게 해주는 마법의 언어를 잘 사용하면 부드럽고 달콤한 부부 사이
를 만들 수 있다. 그 후 그는 내가 어디에 있든 기쁜 얼굴로 데리
러 와준다. 마법의 언어로 마술을 걸기 때문이다. "부탁이 있어요.
please~~"로 숨도 못 쉬게 유혹해 버리기 때문이다.

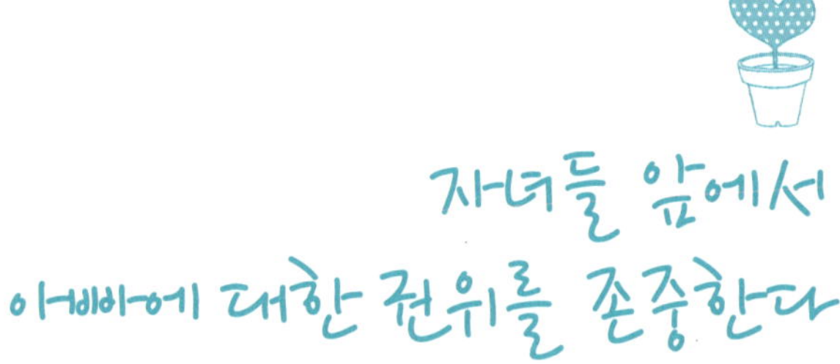

자녀들 앞에서 아빠에 대한 권위를 존중한다

인간의 보호 본능은 가르치지 않아도 나오나보다. 나는 딸을 보
며 그것을 깨달았다. 딸이 고등학교를 다닐 때였다. 시험이 끝나면
친구들이 꼭 노래방을 가자고 한다며 그럴 때마다 딸은 나를 아주
무서운 엄마로 만들어 그 상황을 피한다고 말했다. 독서실로 가서
공부할 것이라고 솔직하게 말하면 친구들에게서 곱지 않은 시선을
받거나 왕따를 당할 수도 있고 그렇다고 전혀 가고 싶지 않은데 따

라가는 것도 마음 편하지 않아서란다.

"애들아, 너희들은 좋겠다. 나는 유치원 다니는 동생이 있는데 엄마가 오후에 출근을 하셔서 동생을 보라 하셨단다. 미안해 재미있게들 놀아~" 그러면 친구들은 "그렇구나~ 안 됐다. 그럼 다음에 같이 가자. 안녕" 하고 측은한 얼굴로 보내줬단다. 그리고 딸은 집으로 와서 간식을 먹고는 바로 독서실로 갔다. 딸은 나를 혹독한 계모(?)처럼 만들어 방패막이로 하고 친구들에게 공부하는 티를 굳이 드러내지 않으면서 열심히 자기 일을 했다.

딸의 깜찍한 행동을 보면서 나는 딸이 은연중에 나를 보고 배운 건 아닌가 하는 생각이 들었다. 시부모님과 같이 살며 직장 생활을 했던 나는 의도적으로 내 시부모님을 엄하게 보이게 하려고 노력했던 것 같다. 직장 동료들끼리 회식을 하게 될 때 그 덕을 톡톡히 봤다. 크게 눈치 보지 않고도 술자리를 피할 수 있는 핑계로 만들기가 쉬웠던 것이 남편이 고약한 성격인 것도 한몫 했다. 여기저기 모임을 거절해야 할 때 그는 가장 좋은 방패막이가 되어 주었으니까.

아이들을 키울 때에도 이 심리를 응용하면 편하다. "엄마는 그렇게 해주고 싶은데 아빠가 아마 거절하실 거야. 어서 들어와. 아빠 화나셨어" 등 아빠를 앞세워 악역을 아빠에게 맡기면 힘들이지 않고 아이들을 바른 교육으로 이끌 수 있다.

그렇게 하려면 아이들 앞에서 아빠의 권위를 세워주는 노력이 필요하다. 처음부터 의도하지는 않았지만 나는 남편에게 존댓말을 쓰게 되었다. 모든 것은 습관 들이기 나름인데 신혼 초 시부모님과 같이 살게 되어 그런 것 같다. 가장의 권위를 강조하시는 어머니께서 내가 남편에게 반말하는 걸 지적하셨던 거다.

처음에는 남편에게 따졌다. 다른 친구들은 5살이나 차이 나도 남편에게 반말을 하는데 나는 겨우 두 살 적은데 존댓말은 너무하다고 주장했다. 부모님 앞에서만 존댓말을 하겠다고 했다가 밤 11시부터 아침 7시까지는 야자타임을 하겠다는 둥 그에게 떼를 쓰기도 했지만 아이가 태어나면서 생각을 고쳐먹었다. 아이들 키우는 데는 집안의 질서가 필요하고, 집안의 질서를 위해서는 가장의 권위를 세워주는 것이 옳다는 생각이 들었다. 그리고 그 권위를 위해 가장 우선적으로 필요한 것은 말투라는 생각을 했고 아이들 앞에서 내가 남편에게 하는 말투는 중요하다는 생각이 들었다.

그런 내 생각의 근거는 엄마였다. 엄마가 되어보니 어린 시절 내가 지켜본 엄마는 고스란히 내 안에서 나를 지배하고 있다는 것을 알고 놀랄 때가 많다. 어렸을 적 나는 바닷가에서 자랐고 부모님은 생선을 건조하는 일을 하셨다. 평소에는 내가 관여할 필요가 없었지만 갑자기 일거리들이 많이 생긴 날에는 일손이 부족해 내가 도와야 했다. 대부분 불평 없이 일을 했지만 시험을 앞두고 있는 날에는 일이 손에 잡히지 않았다.

공부 욕심이 많았던 나는 내 경쟁자가 이 시간에 공부할 것이란 생각에 속이 상했다. 엄마는 내가 공부를 할 수 있도록 최대한 집안일에서 벗어나게 해주려고 하셨지만 아버지는 맏딸이니 집안일도 도와야 한다고 말씀하셨다. 어느 날 학교에서 돌아와보니 마당 한가득 건조한 생선을 끼는 싸리나무가 쌓여있었고, 아버지께서는 비 오기 전에 굵기대로 골라서 팔아야 한다고 책가방을 두고 나와서 도우라고 말씀하셨다.

내일 모레가 중간고사 시험이라고 말씀드렸더니 늘 알아서 열심히 공부하는 딸을 믿고 계셨는지 "넌 평소에 열심히 하니 시험 때 몰아서 공부할 필요 없다. 좀 나와서 도와라" 하셨고 난 아버지 말씀을 거역할 수 없어 일을 도우면서도 얼굴빛은 밝지 못했다. 내 표정을 보신 엄마가 아버지에게 뭔가를 귓속말로 말씀하셨다. 그러자 아버지가 나에게 들어가서 공부하라고 하셨다.

아버지의 표정이 밝지 않으셨다면 아무리 시험이 내일이라도 부모님을 도왔을 것이다. 그러나 아버지의 환한 표정을 보고 죄송하다고 말씀드리고 공부를 하러 들어갔다. 지금도 엄마가 아버지께 무슨 말씀을 하셔서 아버지가 환한 얼굴로 나를 책상 앞으로 보내주셨는지 알 수 없지만 엄마의 그 모습은 오랫동안 나에게 각인되어 잊혀지지 않는다.

엄마는 단 한 번도 자녀들 앞에서 남편의 흉을 보거나 남편의 그른 점을 지적해 남편을 당황하게 만들지 않으셨다. 자녀를 위한 결정은 아버지께 조언을 드려 늘 아버지가 하게 해 주셨고 아버지의 권위를 세워주시기 위해 항상 노력하셨다.

얼마 전 일이다. 아침 식사를 마치고 식탁 정리를 하기 전에 걸려 온 전화를 받고 있는데 수다가 길어지자 남편이 한마디 한다. "음식 빨리 냉장고에 넣어! 썩는다!" 그 말에 평소에 늘 불만이던 남편의 말투가 또 거슬려 한마디 해버리고 말았다. "당신은 무슨 말을 항상 그렇게 해요? '썩는다'가 뭐예요. 음식을 가리키면서. 그냥 '상한다'는 표현을 써도 되잖아요"

내 딴에는 그렇게 염려스러우면 전화하는 아내 대신 먹던 음식을 냉장고에 넣어주면 안 되냐는 불평이 섞여있는 말투였다. 내 말에 남편은 지지 않고 응답했다. "썩는다나 상한다나 다 그 말이 그 말이지" 이왕 시작한 것, 한마디 더 해버렸다.

"아이들의 입에서 무심코 나오는 말들을 조사해보면 모두 집에서 어른들이 쓰는 말일 경우가 대부분이래요. 우리 아이들이 예쁜 말을 쓰게 하고 싶으면 당신의 그 과격한 표현들부터 바꿀 필요가 있다구요!" 그 말을 하는데 아차! 하는 생각이 들었다. 엄마 따라가려면 한참 멀었다.

남편은 한 줄 말했는데 나는 열 줄도 더 되는 말을 했고, 아이들은 그것을 다 보고 있었기 때문이다. 그냥 조용히 있다가 아이들이 없는 곳에서 남편의 잘못을 지적해도 될 것을 아빠의 권위를 손상한 듯해 잘못했다는 생각이 들었다. 아버지의 귀에 두 손을 동그랗게 모아 소곤소곤 이야기를 전하던 어머니의 지혜를 배워 실천해야겠다고 마음속으로 다짐했다.

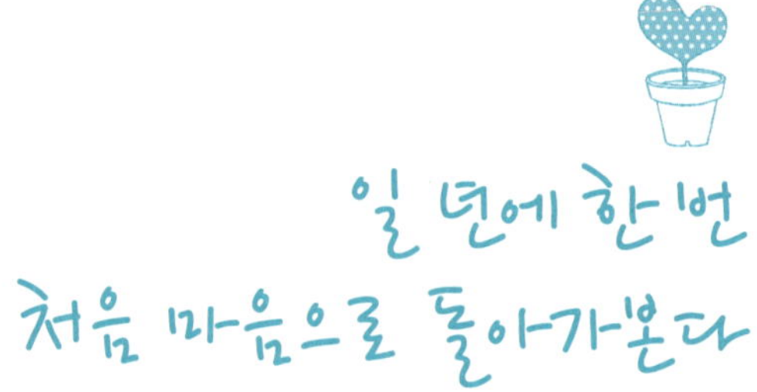

일 년에 한 번 처음 마음으로 돌아가본다

오래된 친구가 나에게 보내준 메시지 중 지금까지 여운이 남아 내 마음속 경구로 갖고 있는 말이 있다. 화려하지도 않은 수식어인데 어떤 사람이 해준 칭찬보다 고마운 나에 대한 평가여서 잊혀지지 않는다. "넌 언제나 그대로여서 참 좋아"였다. 친구의 메시지를 받고 내 의지와 상관없이 세월 따라 변해 어느 날 전혀 내가 원하지 않는 모습으로 변해있지 않기를 바라며 내가 해 온 작은 노력들이 효과가 있었나 생각되어 미소가 지어졌다.

세월은 사람의 모습만 바꾸는 것이 아니라 마음도 바꾼다. 덜 노화하기 위해 피부 관리를 받고 몸속에 독소가 끼지 않도록 좋은 영양제를 먹고 운동을 하듯이 마음도 세월 따라 바래지 않게 지켜가는 노력은 필수적이다.

결혼 생활도 마찬가지다. 누구나 부푼 기대를 갖고 서로에게 최고의 배우자가 되어줄 것이라고 생각하며 인생의 첫 출발을 힘차게 내딛지만 살아가다보면 예상치 않은 일들을 만나게 된다. 그 과정에서 두 사람은 서로에게 상처를 주고받을 수도 있으며 상처가 견디기 힘들다 여겨지면 처음에 생각한 것과는 전혀 다른 방향으로 삶이 흘러가게 되기도 한다.

나는 운이 좋게도 결혼하고 1년 동안 다른 사람들은 10년 동안 겪어야 하는 시련을 축약해 겪으면서 남녀가 만나 가정을 만들어 살아간다는 것이 결코 만만한 일이 아니라는 것을 일찌감치 깨닫게 되었다. 회사에 갔다 와 저녁을 짓고 집안일을 하고 나면 밤 11시가 넘었다. 새벽이면 어김없이 어머니는 일어나 밥을 하라고 노크를 하셨고 나는 가족들의 아침 식사 준비를 하고 회사에 갔다.

부부가 다투면 어머니는 남편에게 말대꾸 한다고 나무라셨고 어머니께 내 생각을 말하면 남편은 어머니께 말대답한다고 나를 몰아세웠다. 신혼 방 구석에서 외로운 마음에 훌쩍이고 있는데 갑자기 정신이 번쩍 들었다. 지혜를 모아야겠다고 생각했다. 이러다 나의 선택으로 한 결혼이 내가 생각한 것과 전혀 다른 방향으로 흘러갈지도 모른다는 생각이 들었다.

그러다 보니 어느 새 결혼한 지 일 년이 되었다. 첫 번째 결혼기념일이 다가오자 나는 색다른 이벤트 하나를 계획했다. 일 년 동안 부부의 변해가는 모습을 매년 관찰해보고 싶었다. 아무에게도 주의를 받지 않는 사람은 자신을 가꾸려 노력하지 않지만 누군가에게 관찰당하는 사람은 좋은 모습을 보여주려 스스로 노력할 것이라는 생각이 들었다.

그 사진을 통해 인간 늙음의 변천사를 보겠다는 당찬 계획 하나를 세웠다. 26살 앳된 아가씨도 세월이 지나면 점점 아줌마를 거쳐 할머니가 되어가겠지 생각하니 참 재미있을 것 같았다. 그리고 그렇게 찍은 사진들을 모아 회갑날 시간 순으로 찾아내는 사람에게 상금을 주는 이벤트를 계획했다. 그리고 지금까지 25년 동안 매년 한 해도 거르지 않고 사진을 찍어왔다.

남편은 사진 찍는 걸 좋아하지 않아 투덜대기도 했지만 그때마다 남들은 선물도 사주고 외식도 시켜주는데 사진관에 가서 옆에 서 있어주는 것도 못하냐고 우겨서 계획대로 25년을 이어왔다. 해마다 사진관에서 사진을 찍으며 속으로 비는 것이 있다. 내년 오늘까지 일 년 동안 내 모습을 젊게 잘 유지하여 배우자를 욕되게 하지 말고, 배우자 덜 힘들게 해 건강한 모습을 가질 수 있도록 좋은 아내가 되게 해달라고 기도한다.

배우자는 서로의 얼굴을 책임져야 한다는 말을 들었다. 어떤 마음고생보다 배우자가 끼치는 고민이 가장 직접적으로 영향을 준다는 것이다. 지난 사진들을 섞어놓고 보면 나도 그 순서가 헷갈릴 정도로 일 년 단위로는 큰 변화가 없는데 5년 단위로 보면 분명 나이가 들어간다. 한 해 한 해 조금씩 세월과 함께 사람은 변해가나보다.

그래도 아이들 자라는 것에 비하면 참 더디게 나이가 들어간다. 사진을 찍으면서 새로운 걸 또 선물로 얻는다. 매년 결혼 생활을 시작하던 때의 첫 마음을 가져보는 것이다. 일 년 동안 누적된 마음의 찌꺼기들을 버리고 새로운 시작을 하려는 마음을 가져보는 소중한 시간을 매년 겨울 그 날 새롭게 가지며 긴 세월의 그물을 성글지 않게 촘촘히 짜가려 노력한다.

받고 주고, 주고받으며 먼 길을 함께 간다

어느 책에서 읽은 이야기가 생각난다. 억만장자를 아버지로 둔 남자가 음식집에 왔다. 이 음식점에서 가장 고급 음식을 달라고 했다. 며칠 후 억만장자가 와서 이 집에서 가장 싼 음식을 달라고 말한다. 종업원이 물었다. "당신의 아들은 우리 집에 오면 항상 가장 고급 음식을 달라고 말하는데 왜 당신은 매번 가장 싼 음식만 찾나요?" 그러자 억만장자는 답한다. "그 아이의 아버지는 부자지만 내 아버지는 가난하거든요"

아버지를 부자로 두지 않은 남편은 어렸을 때부터 근검절약이 몸에 배어있다. 옷도 겨우 갈아입을 만큼의 몇 벌 정도이고, 신발장에도 갈아 신을 신발 두어 켤레이다. 더 사줘도 나무란다. 스스로 사지도 않는데다 내가 사오는 것도 싫어하니 우리 집에서 그의 옷장이 제일 널널하다.

돈 벌어오는 아버지를 가진 아이들은 자기들 하고 싶은 것은 별로 안 참고 사달라 하고, 돈 벌어오는 남편을 가진 나도 겁 없이 잘 썼다. 남편은 자신에게는 인색해도 부모나 형제에게는 깍듯하다. 해야 할 도리는 알고 있는 선택형 인색이라 나는 투덜대면서도 배울 점도 많다 여기며 때로는 곁눈질 할 때도 있다.

남편에게는 회사에서 나오는 돈을 받는 통장이 두 개 있었다. 하나는 월급 통장이고, 또 하나는 출근 보조비와 중식비 명목의 통장이었는데 월급 통장은 내가 갖고 있고 용돈을 따로 타가지 않았다. 용돈 통장으로 들어오는 차비와 식비가 그의 용돈이었다.

어느 날 회사에서 아이들 등록금이 나왔는데 그의 급식비 통장으로 들어왔다며 다음날 찾아준다길래 바로 달라고 했다. 받을 건 빨리 받는 게 좋다고 말했더니 은행 출납기에서 내 통장으로 계좌이체를 해준다고 같이 나가자고 하였다. 출납기 앞에서 버튼을 누르는데 비밀번호를 누르라는 메시지가 나오자 남편이 등으로 나를 가렸다. 평소에는 전혀 용돈 통장의 잔액에 관심이 없었는데 가리니 궁금해졌다. 그의 용돈 통장 계좌번호는 이미 알고 있었다. 가끔 그 통장으로 얼마를 넣어달라고 하기도 해서 적어두었던 터였다.

다음날 그가 출근하고 나서 잔액 확인을 한 번 해보려고 계좌를 누르는데 비밀번호를 누르라는 말이 들리자 내가 쓰는 그의 월급 통장 비밀번호를 눌렀더니 통과되어 바로 잔액을 알려주었다. '단순 심플한 남자. 등만 돌리면 뭐하냐. 비밀 통장으로 하려면 내가 모르는 비밀번호를 만들어둬야지'

잔액 확인을 하는데 가슴이 아팠다. 달랑달랑했다. 그 후로 가끔 나는 남편 몰래 통장을 확인해 잔액이 부족하다 싶으면 특별 용돈이라고 직원들과 맛있는 것 사먹으라며 주기도 했다. 그도 얼마 안 되는 용돈을 아껴 내가 사무실을 얻어 나갈 때 컴퓨터 한 대를 선물해주었다. 남편과 아내는 몸도 마음도 돈도 하나인, 세상이 선물해준 또 하나의 자신이다.

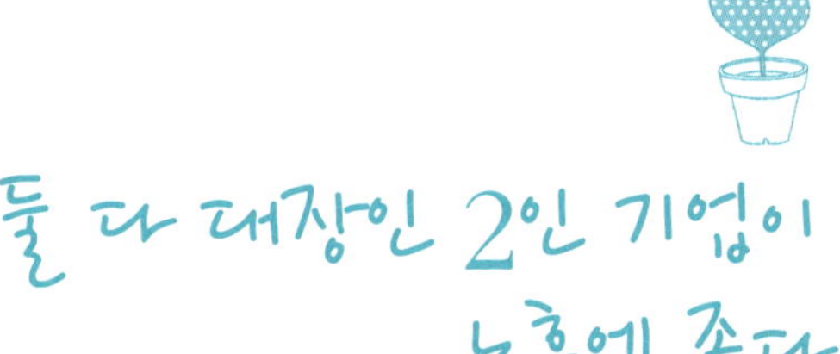

둘 다 대장인 2인 기업이 노후엔 좋다

친한 친구가 전화를 했다. 몇 년 전 학원 강사였던 남편이 갑작스런 뇌출혈로 세상을 떠나게 되어 아들 둘을 키우며 혼자 사는 친구다. 남편이 집에 있다고 구박하지 말고 잘 하라고 한다. 군에 간 아들의 면회를 갔다 오는데 남편의 빈 자리가 그렇게 크게 느껴질 수가 없다고 했다. 갑자기 옆에서 해맑은 얼굴로 TV를 보고 있는 그가 고마운 마음이 들었다.

인생 3대 비극이 초년 성공, 중년 상배, 노년 빈곤이라고 어디서 들었는데 생각해 보면 맞는 말 같다. 초반에 시련을 겪지 않고 운이 좋아 성공을 했다가 인생의 중반쯤에 실패를 경험하면 오히려 크게 좌절할 수 있다. 중년쯤 배우자를 잃는 것도 얼마나 큰 슬픔일지 느껴진다. 중년이면 굵직굵직한 여러 집안일들을 겪어내야 하는데 함께 의논하고 힘을 모을 배우자가 곁에 없다는 건 너무나 슬픈 일일 것 같다. 물론 노년의 빈곤도 인생 비극이다.

정리해 보면 나는 젊은 시절에 크고 작은 실패를 거듭했으니 고맙고, 배우자가 곁에 잘 살아있으니 다행이고, 내 용돈 떨어지면 보태줄 것 같은 말 잘 듣는 아이를 세 명이나 낳았으니 노후 대책도 잘 해놓은 것 같아 성공한 삶인 듯해 괜히 즐거워진다.

남편은 이른 명퇴를 하였다. 그가 49살이었을 때 갑자기 회사를 그만두어도 괜찮을지 나에게 물었다. 큰아이 대학교 2학년, 둘째 고3, 막내는 겨우 초등학교 2학년인데 그렇게 물어오는 그를 보며 나는 속으로 생각했다. '평생을 줄기차게 한 직장만 다녔으니 지겹기도 하겠지. 그러나 지겹다고 직장을 그만둘 무책임한 가장이 아닌데, 아마도 더 이상 다니기 싫게 만드는 무슨 이유가 있나 보다'

나는 내 남편이 회사를 그만두어야 할 만큼 마음에 힘든 일이 있음에도 회사를 다니게 하고 싶지는 않았다. 그가 처한 상황은 그가 가장 잘 알 테니 알아서 판단하라고 했고 그는 바로 퇴직을 했다.

그 후 그는 여러 가지 마음 아픈 일들을 겪어야 했다. 회사라는 울타리 속에서 바라본 세상과 밖에서 본 세상은 많이 달라 당황하는 표정이 역력했다.

게다가 세상 경험이 부족했던 그는 설상가상으로 퇴직금까지 잘못 관리하여 모두 날려버리고 말았다. 그의 퇴직 이후 나 또한 많은 힘든 일들을 겪었지만 아이러니하게도 그동안 그가 나에게 참으로 고마운 사람이었다는 것을 그때서야 알게 되었다.

매월 25일이면 한 달도 빠짐없이 꼬박꼬박 내 통장을 화수분처럼 채워준 그 덕분에 나는 하고 싶은 일들을 부담 없이 바꿔가며 해볼 수 있었음이 감사했다. 그리고 그 경험들을 하며 세상에 겁 없이 도전하는 능력이 나에게 생겨나 있었음을 알게 되었다.

그동안 열심히 가족을 위해 애썼으니 당분간 쉬게 하고 내가 그의 몫을 다해보겠다고 다짐했다. 그래도 불안했는지 그는 여기저기 구인광고란을 뒤적여 나에게 보여주며 내 의견을 물어왔다. 그럴 때마다 나는 놀라고 말았다. 아무리 나이가 많아도 그의 경력이나 능력을 이용해 월급을 주는 곳은 한 군데도 없고, 육체 노동을 원하는 곳뿐이었다.

그리고 그 노동의 대가로 주겠다는 급여 또한 지나치다 생각될 만큼 적었다. 그 정도밖에 급여를 안 준다면 차라리 내가 직원으로 고용하는 게 낫겠다는 오기가 생겨 이력서 쓰지 말라고 배짱 좋게 말했다. 그의 능력을 인정해 급여를 줄 사람은 나밖에 없다고 생각했다. 새삼 매스컴으로나 대했던 조기 명퇴로 힘들어하는 가장들의 이야기가 남의 일이 아님을 느끼면서 그의 특성과 나의 특성을 고려해 2인 기업을 만들어갈 생각을 했다.

그의 취향과 나의 특성을 고려해 일을 분담했다. 그는 사람 만나는 걸 싫어하고 집을 좋아하니 집안에서 내근을 하고, 나는 돌아다니는 걸 좋아하니 밖에서 일하는 것으로 업무 분담을 했다. 나는 그를 본부장이라 부르며 본부에서 할 수 있는 모든 일을 다 요구한다. 그는 나를 외근 사원으로 생각할 거다. 새벽부터 집을 나와 전국을 돌아다니며 강의하고 틈만 나면 여기저기 색다른 사업거리를 찾아 돌아다니다 한밤중에 돌아오니 영락없는 외근 사원이다.

외부에 있는데 강의를 의뢰하는 전화가 와 강사 프로필과 강의 교안을 보내달라고 하면 나는 그의 전화번호를 가르쳐주며 말한다. "저희 직원 전화번호입니다. 전 지금 바쁘니 그 분께 전화해서 서류 보내달라고 하세요" 강의비 흥정을 해 와도 그의 전화번호를 알려준다. "강의비는 제 매니저 담당입니다. 전화해서 문의해 보세요"

그러면 그는 최대한 나를 포장하여 내가 평소에 받는 돈보다 적어도 20만 원은 더 올려 강의비를 책정해 놓는다. 내 마음속에서 그는 밥만 먹여주면 되는 대기업 근무 경력의 다재다능한 고급 직원이다. 때로는 내 운전기사도 되어주고, 세무서일도 꼼꼼히 서류까지 챙겨가며 처리해주고 내가 책에 사인을 해놓으면 택배 포장해 발송해주기도 하고 강의 자료도 보내준다. 또 여기저기 내가 원하는 곳으로 상담 전화도 해주고 은행 업무도 처리해주는 그는 전천후 내 수석 비서다.

그런데 그의 역할 중 가장 마음에 드는 것은 아직 어린 막내 귀공이의 보호자 역할이다. 외부 일정이 많은 엄마의 빈자리를 가장 잘 채워줄 수 있는 사람은 이 직원이다. 돈을 많이 주어야 하는 남보다 돈 하나도 안 줘도 되는 그 직원이 내 소중한 아이를 안심하고 맡길 수 있는 가장 든든한 보호자이다.

PART
04

행복한

며느리 되기는

생각보다

쉽다.

부모 넓게 가족 내에서의 역할을 드린다

아버님은 수에 밝으시고 정확하시다. 팔순이 훨씬 넘으신 지금까
지도 꼼꼼하게 금전출납부를 기록하신다. 10년 전 며느리가 몇 월
며칠에 용돈을 얼마를 드렸는지 아버님 장부에 보면 다 나와 있어
조금 드려놓고 많이 드린 척 부풀릴 수도 없다.

귀공이를 낳고 부모님과 남편은 나에게 직장을 그만두고 전업주

부로 집에서 가족들 뒷바라지만 하라고 했지만 그럴 수는 없었다. 식구가 하나 더 늘자 남편 혼자의 힘으로 살아가기에는 버거워졌기 때문이다. 가족이 하나 더 생기면서 집안일과 직장 일에 더 바빠진 나는 기발한 꾀 하나를 냈다. 아버님께 우리 집 가계를 이끌어 달라고 부탁드린 것이다.

근검절약과는 거리가 멀고 매사 꼼꼼하지 못한 내가 일곱 식구의 살림살이를 이끌어 가다보면 수입과 지출의 균형을 맞추지 못할 수도 있고 또 바쁜 내가 싼 물건을 찾아 요리조리 지혜롭게 찾아다닐 시간도 없었다. 반면 부모님은 넘치는 시간을 갖고 계셨고 무엇보다 시장 구경 다니시는 걸 좋아하셨다. 난 아예 모든 가계의 물품 구입권을 다 넘겨 드렸고 시장 봐 주시는 대로 음식을 만들고 살림만 하게 되었다.

특별히 하고 싶은 요리가 있을 경우에는 재료를 아버님께 적어드렸다. 아버님은 내가 적어드린 품목을 하나도 빠짐없이 구입해 요리만 하면 되게 부엌에 준비해 놓으셨다. 퇴근하면서 슈퍼에 들러 가족들 저녁 식사 재료며 집에 떨어진 물건들을 구입하지 않아도 되는 건 일을 가진 주부에겐 얼마나 큰 축복인지 모른다.

아버님과 어머니는 시장 구경을 다니시며 값싸고 싱싱한 물건들을 사오셨다. 내가 슈퍼에서 사면 한 개 1000원인 호박을 가락시장에서 세 개 1000원에 사오셨고, 한 근에 4,500원인 돼지고기를 마장동 우시장에서 한 근에 2,000원을 주고 사오셨다.

저녁에 퇴근해서 집에 가면 아버님은 시장에서 사온 물건들을 일일이 보여주시며 자랑스럽게 값을 말씀하시곤 했다. "아가~ 이거 얼마 줬을지 니 알아 맞춰봐라~. 상추 이거 한 박스 얼마 줬게?" 나는 속으로 생각한 것보다 조금 더 많이 부르곤 했다. 그래야 아버님이 더 좋아하실 것 같아서였다. "음, 한 박스고 싱싱하니까 한 만 원은 줬겠는데요. 아버님?" 그러면 아버님은 무척 자랑스러운 표정으로 대답하시곤 했다. "하하~ 그렇재? 근데 내가 오늘 네 시어머니하고 둘이서 가락시장 가서 한 상자에 3000원 줬다~. 고기도 싸 먹고 겉절이도 하고 작은 집에도 좀 갖다 주고 옆집도 좀 줘라~"

아버님은 매일 가계부를 적으셨는데 단 일 원의 오차도 없으셨다. 어느 날 저녁을 차려놓고 아버님을 불렀는데도 안 나오셔서 안방으로 가보니 안경을 쓰고 계산기를 두드리시며 고개를 갸우뚱거리셨다. 잔액이 맞지 않으신 거다. 얼마가 틀리냐고 여쭈었더니 200원이 모자란다고 하셨다. 나는 "아버님. 200원 제가 드릴 게요. 진지 드세요~" 했더니 장부 정리는 그렇게 하는 게 아니라고 골똘히 보고 또 보셨다.

한참 후 아버님은 문제를 해결하시고는 크게 웃으시며 식탁으로 나오셨다. "아가~ 찾았다. 하하, 내 바지 주머니에 200원 남아 있었던 거 찾아냈다!" 아버님께 가계부를 드린 건 내가 편하고자 하는 목적 말고도 여러 가지 이유가 있어서였다. 수를 좋아하시는 아버님이 가계부를 쓰시면 절대 치매에 걸리시지는 않을 것이라는 생각도 있었고, 뭔가를 구입하면서 느끼는 즐거움을 두 분이 가지시기를 바랐다.

그리고 또 하나. 부모님이 드시고 싶은 음식의 재료를 사주시는 대로 만들기만 하면 되니 어떤 음식을 부모님이 드시고 싶어 하실까 하는 고민을 하지 않아도 되었다. 결국 생각하면 바쁜 며느리와 시간 많으신 부모님 모두를 위한 꽤 좋은 작전(?)이었던 셈이다.

나라면 어림도 없을 만큼의 생활비로 아버님은 일곱 식구 모두 풍성하게 먹고 부족하지 않게 쓸 수 있게 알뜰하게 살림을 꾸려가셨다. 냉장고에는 떨이하는 집만 골라 싸게 산 과일들이 떨어지지 않았고, 냉동실에도 가락시장의 단골 생선가게 할머니에게서 사온 값싸고 싱싱한 생선들이 언제든 요리만 하면 되게 잘 손질해 준비되어 있었다.

한 해가 마무리 될 즈음 아버님은 그동안 가계비에서 절약해 돈을 모아 두었다며 온 가족이 보약을 지어먹자고 하셨다. 일곱 식구는 아버님의 알뜰한 가계 경영 덕분에 절약한 돈으로 보약 한 첩씩을 먹고, 다음 해의 건강한 시작을 힘차게 외쳤다. 마른 빨래는 어느 새 개켜 제자리에 넣어두셨던 어머니, 며느리 대신 알뜰하게 장을 보시고 가계부를 적어주셨던 아버님 덕분에 직장을 다니면서도 세 아이의 엄마 역할을 부족하지만 할 수 있지 않았나 생각된다.

모든 일을 혼자 하려고 애쓰는 며느리이기보다 부모님께 도움을 청하며 당신들에게 가족 내 역할을 가질 수 있게 하는 것을 어른으로서 대접만 받는 것보다 부모님은 더 행복해 하신다. 가족 구성원 모두가 역할을 갖고 함께 어울려 가족이라는 아름다운 공동체를 만들어가기, 행복한 가족을 만들기 위한 한 방법이다.

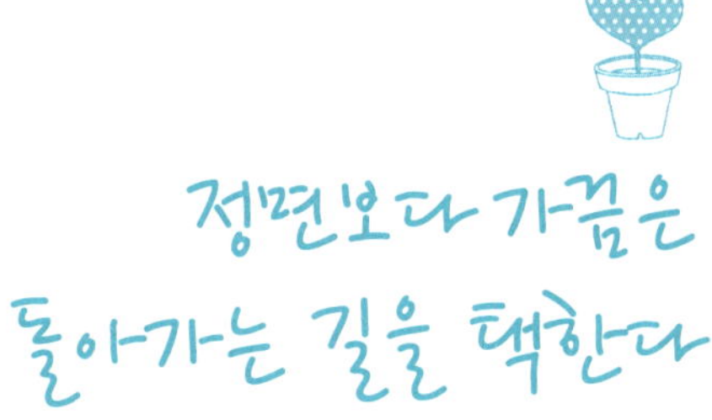

정면보다 가끔은 돌아가는 길을 택한다

결혼 전 예비 시누이를 처음 만났을 때 형님은 나에게 질문을 하나 하셨다. 분명히 흰색인데 어머니가 검은색이라고 우기실 때 뭐라고 말할 것인지 물었다. 처음 보는 예비 시누이의 질문 의도를 파악한 나는 형님이 생각하는 정답에 내 생각을 얹어 말했다.

검은색이라고 말씀하시는 어머니가 틀렸다고 그 자리에서 말하지는 않을 것이지만 시간이 지나면 천천히 흰색이라고 말씀 드릴 것이라고 내 생각을 분명히 말했다. 지금 생각하면 초면인데 그런 질문보다는 따뜻하고 다정한 말로 편안하게 대해 주었으면 더 고마웠을 텐데 싶기도 하지만 아마도 시누이는 부모님을 모시고 사는 며느리의 태도에 대해 알려주고 싶었던 모양이다.

부모님을 모시고 살면서 나는 자주 시누이가 그런 질문을 한 이유를 생각하곤 했다. 어머니는 보통의 시어머니처럼 어머니식의 삶의 철학과 고집을 갖고 계셨고, 그 생각들은 좀처럼 바꾸기 쉬운 성격의 것들이 아니었다. 신혼 초 어머니는 시금치를 데치면 찬물에 담가야 한다는 내 상식을 나무라셨고, 끓는 물에 데치고 나서 소쿠리에 얹어 식혀서 나물을 무치라고 하셨다. 데친 시금치를 바로 찬물에 넣으면 영양소가 파괴된다고 하셨다.

그때 "그건 틀렸어요, 어머니"라고 말하지 말라고 시누이가 나에게 가르쳤던 것을 기억하고 있었으므로 어머니 앞에서 나는 시키는 대로 했다. 자연히 시금치는 누렇게 변해 보기만 해도 맛이 없게 무쳐졌지만 나는 그게 옳은 방법이라 하셔서 그렇게 했다. 다만 어머님이 부엌에 안 계실 때는 내 식으로 나물을 만들었다. 어머니는 어떻게 만들었는지 내가 만든 나물이 싱싱해 보이고 맛있다고 하셨고, 나중에는 내가 음식 만드는 솜씨가 더 있으니 내 식으로 알아서 하라고 하시고 부엌에 들어오시지 않으셨다.

사소한 집안일 같은 것들은 어머니의 반대에 부딪혀 내 생각이 끝까지 받아들여지지 않아도 괜찮았다. 그러나 아이들 교육에 관한 경우는 아니었다. 부모님과 일일이 의논해 이해시키기에는 어려운 것들도 많았다. 그럴 때에는 일일이 이해시키려 하지 않았고 설득하려고 하지도 않았다. 그렇다고 부모님의 뜻을 정면으로 거스르지도 않았다.

어느 날 아이들에게 보여주고 싶은 영화가 있었다. 부모님은 답답한 곳이라고 영화관을 좋아하지 않으셔서 나는 눈치를 보고 있었다. 말씀을 드리면 가지 못하게 하시지는 않을 것이지만 그래도 두 분만 두고 우리끼리 가기에는 마음이 편치 않았다. 나는 아이들과 짜고 어머니께 말씀드렸다. "어머니 요즘은 이상한 숙제가 많아요. 영화 보고 감상문 써오는 숙제가 있나 봐요" 그러자 어머님은 "에미야, 요새는 그렇다. 이상한 숙제가 많아. 그렇지만 숙제는 어떻든 꼭 해가야 한다. 아버지와 나는 영화관에 가면 귀가 아파서 못가니 네가 바쁘더라도 애들 데리고 갔다 오거라" 하셨고 우리는 작전 성공을 외치며 집을 나와 깔깔대며 즐겁게 영화 구경을 하고 아이들 좋아하는 음식도 사먹고 돌아오곤 했다.

택시비도 아끼시려고 대중교통을 이용해 조금이라도 싸고 싱싱한 물건을 사시려고 모란시장, 가락시장을 다녀오시는 부모님께 차마 "아이들의 교육을 위해서는 가끔 영화 관람도 하고 연극 구경도 시키며 키우는 게 옳은 거예요"라고 말하기가 죄송했다.

그러나 아이들의 입장도 생각해주고 싶었던 모성은 늘 이렇게 머리를 짜내어 돌아가는 길을 궁리하였고, 그 궁리는 늘 들어맞아 부모님께 "바쁜데 아이들 숙제 도와주느라 수고 많다"는 소리까지 덤으로 들었다. 그런데 이 글을 쓰는 순간 문득 모른 척 속아주신 건 아닌가 하는 생각도 든다.

죄송하고 그리고 감사합니다. 아버님 어머님.

가족의 구성원으로 절대 소외감을 느끼지 않게 한다

나는 아버님을 존경한다. 내가 보기에 아버님은 연세만 많은 청년이시다. 늘 새로운 꿈을 꾸시고 무엇이든 도전하는 적극적인 성격이시다. 긍정적이고 정직하시며 주변을 사랑할 줄 아시고 근면 성실하시다. 결혼 전부터 지금까지 나는 아버님에게 불만을 가져본 적이 없고, 이 점은 고쳐주시면 좋겠다고 생각한 적도 없다. 모두 닮고 싶은 점들뿐이다. 팔순이 넘으셨어도 기억력은 젊은 사람들도 따라

갈 수 없을 정도로 좋으시다.

단 하나 아버님의 문제는 청력이다. 한국 전쟁 때 파편이 귀를 스쳐 그 이후로 아버님의 한쪽 귀는 거의 들리지 않는다. 그 이유로 아버님은 가족들이 평소에 나누는 보통 크기의 소리는 잘 알아듣지 못하신다. 그러나 아버님은 무엇이든 궁금해 하셨고 잘 알아듣지 못하시면 들리지 않는다고 몇 번이고 물으셨다.

평소 가족들은 큰 소리로 아버님의 궁금증을 풀어드리려 노력하지만 그 내용이 아버님과 관계된 것이 아닐 경우에는 몰라도 된다며 무시한 적도 많았다. 우리 집에서 유일하게 아버님의 통역을 담당한 사람은 나였다. 내가 아버님을 친아버지처럼 좋아한 이유도 있었지만 들리지 않는 사람이 느낄 소외감은 생각만 해도 마음이 아팠기 때문이었다.

나는 큰 소리로 또박또박 아버님의 들리는 귀에 대고 말을 했고, 아버님은 이내 흡족한 표정으로 고개를 끄덕이며 만족해 하셨다. 내가 달리 아버님의 마음에 드는 점이 있을 리가 없는데도 아버님이 늘 나를 딸처럼 예뻐해 주신 이유로 나는 이 점을 꼽는다.

어머니도 "당신은 몰라도 돼요!" 큰아들인 남편도 "아버지 별 거 아니에요"라며 꼬치꼬치 알고 싶어 물으시는 아버지를 서운하게 대할 때 "아, 아버님 별 얘기 아니구요. 내일 모레 큰 손녀가 학교 대표로 글짓기 대회에 나간다고 하네요"라고 말씀 드리면 아버님은 알아들으셨다는 것에 만족하신 듯 밝게 웃으셨다.

외로움이 노인의 가장 큰 고통이라는 말을 듣고 나는 내 부모님이 항상 가족의 가운데에 계시기를 바랐다. 현장 학습으로 가까운 유적지를 방문할 때도 두 분만 집에 남아계신 적이 거의 없다. 우리 부부와 아이들만 다녀오라고 하셔도 나는 아버님의 어깨를 주무르며 말하곤 했다. "아버님. 학교 숙제로 현장 학습 가서 사진을 찍어서 내야 하는데 함께 간 가족 수가 많을수록 점수를 더 많이 준다고 하네요. 아버님, 손자손녀가 점수 많이 받는 것 좋으시죠?" 하고 조르면 부모님은 늘 따라나서셨다.

7인승 자동차에 일곱 식구가 타고 시장을 갈 때도 놀러 갈 때도 항상 함께하여 부모님이 외롭지 않게 하는 것을 가장 큰 효도라 생각했던 것이 잘하는 것도 없이 늘 딸처럼 위함받았던 비결이 아닐까 생각해 본다.

부모님의 추억 이야기는 처음 듣는 것처럼 들어드린다

엄마라는 사람들은 늘 자신의 자녀들에 대해 좋은 이야기만 기억한다. 좋지 않은 것들은 시간과 함께 엄마의 아량으로 용서되고 기억에서도 점차 지워지며 때론 각색되기도 한다. 대체적으로 모범생인 편이었지만 사춘기 때에는 나도 엄마에게 말대꾸도 하고 엄마 마음에 들지 않는 행동도 했을 텐데 엄마의 기억 속에 나는 늘 말 잘 듣고 공부 잘하는 아이로 남아있다.

엄마가 나에 대해 당신의 손자 손녀에게 하시는 말씀을 들을 때 나는 내가 엄마의 희미한 기억과 무조건적인 사랑에 의해 운 좋게 다듬어지는구나 생각한다. 내가 엄마의 하나밖에 없는 외동딸인 것이 더 맹목적 자식 사랑에 빠지게 만들었을지도 모른다.

어머니도 내 엄마처럼 위로 시누이 하나를 외동딸로 갖고 계셨고, 내 엄마처럼 그렇게 시누이에 대해서는 좋은 기억만 갖고 계신 듯했다. 어머니는 지난 일들을 이야기하시는 것을 좋아하셨다. 남편 한 살 때 서울로 오셔서 객지 생활을 시작하셨던 이야기, 제법 흥하게 사시다 어느 날 아버님의 사업 실패로 가족이 모두 어려운 시절을 겪었던 이야기들을 들려 주셨는데 그중 시누이 이야기가 유독 많았다.

가족들이 힘들어졌을 때 시누이가 맏딸의 역할을 정말 잘해주었다고 많이 칭찬하셨다. 공부도 잘했고 동생들도 잘 챙기고 효성스런 딸이라고 하셨다. 어머니는 똑같은 이야기를 여러 번 하셨다. 어떤 이야기는 스무 번도 더 하셨다. 그때마다 처음 듣는 이야기처럼 들어주는 것을 어른들은 좋아하신다. 지금 생각하면 어머니의 이야기를 마음 편하게 들어드리지 못한 순간이 많았던 것이 죄송스럽다.

낮에 직장 일을 하고 돌아와 저녁에는 집안일을 해야 했던 나는 소파에 나란히 앉아 어머니의 옛날이야기를 편안한 마음으로 들으며 맞장구쳐 드리지 못했다. 그러나 전에도 몇 번 들었던 이야기를 처음 듣는 듯 때로는 놀란 척 때로는 슬픈 척 해드리는 건 나름 하느라고 노력한 듯하다.

어머니가 하신 말씀 중 참으로 자주 하신 말씀이 시누이의 결혼 이야기다. 시누이가 선을 30번도 더 봤는데 모든 남자들이 시누이를 좋아해 결혼하려고 줄을 섰지만 다 거절하고 지금의 아주버님과 결혼한 이야기를 자랑스러워하며 하셨는데 그 이야기를 들을 때면 기분이 별로 좋지는 않았다. 선도 한 번 못 보고 연애도 한 번 못해 보고 시집온 내가 너무 무능하게 비춰졌기 때문이다. 하지만 속으로만 그렇게 생각했을 뿐 겉으로는 "형님은 인기가 참 좋았나봐요" 하며 맞장구를 쳤다.

시부모님들은 당신들이 흡족해하는 응답을 얻을 때 기분이 좋아지고, 시부모님이 스트레스 없이 건강해야 며느리도 스트레스 없이 건강할 수 있다. 마음속에 쌓아놓은 소중한 추억들이 때로는 각색되고 때로는 미화되어 사실과 조금은 차이가 있는 이야기라 해도 즐겁게 들어줄 누군가를 갖고 있으면 노인들은 행복하고 즐거우며 마음에 쌓이는 찌꺼기가 남지 않게 된다.

누군가에게 이야기하시는 것을 좋아하셨던 내 부모님의 성격이 항상 건강하게 두 분을 지켜주셨고 그런 건강한 부모님과 함께여서 나 또한 마음도 몸도 건강하지 않았을까 하는 생각이 든다.

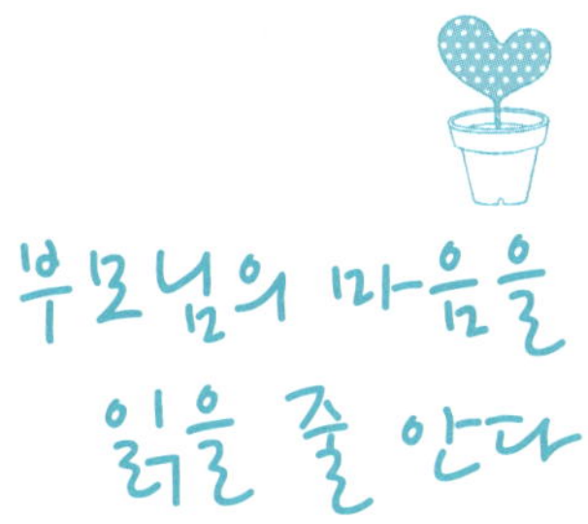

부모님의 마음을 읽을 줄 안다

오래 전 지인의 소개로 어떤 아이에게 개인지도를 해준 적이 있
다. 한창 사춘기를 겪고 있는 중학생이어서 수업을 마치고 나면 아
이의 수업 태도와 성적들에 관해 아이의 엄마와 이런저런 이야기를
나누곤 했다. 어느 날 수업을 마치고 나오는데 아이 엄마의 얼굴이
무척 어두워 보여 이유를 물어보니 같이 모시고 사는 시어머니와
약간의 갈등이 있었다고 했다.

그냥 나오려다가 나도 부모님을 모시고 있는 입장이라 동병상련

의 마음으로 위로를 해주어야겠다 싶어 차를 한 잔 마시며 이야기를 들어주었다. 아이의 집은 꽤 유복해 보였는데 이렇게 여유 있게 살게 된 건 그리 오래 되지 않았다고 했다. 두 부부가 밤낮 고생하여 자수성가를 하였다는 것이다. 겉으로 보기에는 걱정이라곤 모르고 산 엄마처럼 보여 나는 참 의외라고 생각했다. 언제나 매끈한 피부에 화장을 한 얼굴이었고, 집에 있어도 늘 우아한 옷을 기품 있게 입고 있었기 때문이었다.

아이의 엄마는 두 손을 보여주며 말했다. "정말 힘들고 치열하게 살아왔지요. 어느 정도 살만해져서 거울을 보니 얼굴이 말할 수 없이 상해 있더라구요. 그제서야 내 몸에 보상을 해주어야지 생각되어 마사지를 받고 관리를 하니 찌들었던 피부는 좋아지는데 손은 회복이 안 되는 거예요. 가난하고 힘들었던 시절을 손은 고스란히 담고 있어서 어디 가면 손을 내보이기 부끄러워요. 고생고생하며 겨우 자리를 잡고 나서 홀로 계신 어머니를 오시게 했지요. 아이들 공부도 못 봐주고 키워 그때부터 과외도 시키게 된 거구요. 아래로 시동생이 하나 있는데 하는 일마다 실패를 하고 단칸방에서 어렵게 살아요. 어머니는 식탁에서 색다른 음식만 보면 '아이고, 그것들은 이런 거 먹지도 못할텐데……' 하세요. 한두 번도 아니고 매번 그런 어머니를 보면 이젠 짜증이 난다니까요. 그래서 아침에 한마디 했더니 시골로 휑하니 가버리신 거 있죠. 우리가 물려받은 재산이 있는 것도 아니고, 힘들게 노력해서 이만큼 살게 된 건데 꼭 죄인 같다니까요"

그 시어머니의 마음도, 아이 엄마의 마음도 모두 이해가 되었다. 어떤 조언을 들려주었는지 기억이 잘 나지 않지만 듣고 있는 내내 나는 머릿속으로 내 어머니와 시동생 생각을 했다. 시부모님은 2남 1녀를 두셨고 모든 부모님들이 그러하듯 온 정성을 다해 삼남매를 기르셨다. 그러나 부모는 정성을 다해 길렀어도 인생이란 언제나 예기치 않은 많은 일들로 이루어진 집합체인 법. 자녀들이 자라 각자 성장하여 가족을 이루고 살아가다보면 잘살아 부모를 흡족하게 하는 자식이 있는 반면 뜻하지 않은 어려움에 빠져 곤란을 겪는 자식도 있다.

모아놓은 재산이 많은 부모들은 물질적 지원을 해주기도 하지만 그렇지 않은 경우에는 바라보며 안타까워만 할 뿐이다. 살면서 깨닫게 된 것 중 하나가 능력이 있다고 다 잘사는 것은 아니라는 것이다. 능력도 있고 심성 또한 누구 못지않게 선한데 일이 잘 안 풀려 경제적 어려움에서 벗어나지 못하는 많은 사람들이 있다. 그중 한 사람이 남편의 하나뿐인 동생, 내 시동생이다.

색다른 음식이 보일 때나 어디로 나들이를 갈 때, 내 어머니도 늘 작은집 생각을 하시는 것 같았다. 그럴 때에는 먼저 시동생네 가족을 불러 같이 밥 먹고 놀러가자고 하면 어머니는 너무나 좋아하셨다.

누군가에게 사랑을 받는 가장 좋은 방법은 내가 사랑받고 싶은 사람이 행복할 일을 찾아 하는 것이다. 시부모님과 살면서 사랑받는 며느리가 되는 길도 마찬가지다. 부모님의 마음을 읽고 부모님이 가장 행복해 하실 일을 하는 것이다.

어느 해 여름, 정말 찌는 듯한 날씨였다. 나는 유난히 집이 더워 고생하는 작은집 식구들을 한 달간 우리 집에서 같이 살자고 제안했다. 여러 사람이 같이 모여 살면 냉방비도 줄고, 유독 정이 두터운 사촌들끼리 함께하는 시간을 가져보는 것도 아이들에게 좋으니 아이들 방학 동안 같이 모여 여름을 나자고 불렀는데 부모님은 그렇게 좋아하실 수가 없었다. 그 해 여름 10명도 넘는 가족이 오글거리며 살던 시간이 지금도 그리워진다.

마장동 도매 시장에서 고기를 사올 때도, 모란시장에서 참기름을 짜왔을 때도, 조금씩 나눠주자고 했다. 굳이 어머님이 말씀하시지 않아도 그렇게 나누어주자고 먼저 말했던 건 어머니의 마음을 읽고 있기 때문이었다. 내 부모님이 진정으로 원하시는 것을 알기, 그리고 마음 편안하게 해드리는 것이 사랑받는 며느리가 되는 비결이다.

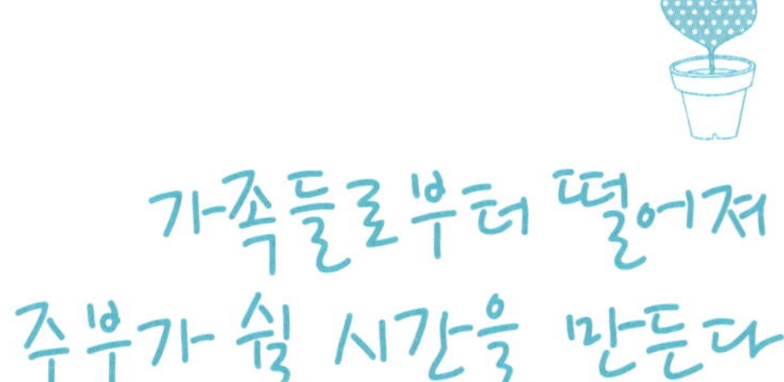

가족들로부터 떨어져 주부가 쉴 시간을 만든다

신혼 생활을 시작할 때부터 방안에 딱히 꼭 있어야 한다고 고집한 가전제품은 없었는데 책상에 대한 집착이 있었다. 신혼 방을 차린 그가 쓰던 작은 방에도 다른 물건은 다 양보해도 책상만은 고집하여 신혼방의 4분의 1 정도는 그 책상이 차지했으니까.

단칸방으로 분가했을 때도 그랬다. 다락을 개조해 직접 나무를 주워 모아 앉은뱅이 책상을 못질해 만들었다. 연년생인 두 아이를 재워놓고 단칸방에 붙어있는 천정 높은 다락에 올라가 내가 만든 앉은뱅이 책상에 앉아 글을 쓰곤 했다. 대단한 지식인도 아니면서 허위의식이 내게 있었는지 모르겠지만 책상은 내 이루지 못한 꿈들의 통로가 되어줄 것이라는 생각을 갖고 있었던 듯하다.

하지만 아이가 셋이 되고 부모님을 모시며 직장 일까지 했던 내가 나만의 시간을 갖는 일은 점점 어려워졌다. 일곱 식구의 뒷바라지에다 아이들이 학원을 다니지 않으니 가끔 공부하는 것도 챙겨야 해서 나만의 시간을 가지는 것은 쉬운 일이 아니었다. 책상에 앉을 시간은 고사하고 이러다 지쳐 쓰러질 것 같았다.

나를 위한 휴식의 시간이 필요하겠다 싶어 아이디어를 냈다. 어느 날 저녁 식사를 마치고 긴급 가족회의를 열어 가족들에게 공포를 했다. "아버님, 어머님. 제가 이제부터 11시부터 할 일이 있어서 11시를 퇴근 시간으로 정하기로 했습니다. 저에게 하실 말씀이 있으시면 그 시간 전에 해주시면 감사 하겠습니다~. 당신도 아내가 11시면 퇴근하니 요구할 게 있으면 그 시간 전에 하시고요, 애들아 ~ 엄마가 내일부터 11시면 퇴근하니 엄마가 도와줘야 할 일이 있으면 미리 말해라~"

그리고 재미있는 일들이 많았다. 아이들은 저희들끼리 엄마 퇴근 시간이 얼마 안 남았으니 빨리 물어볼 것들을 물어보자고 숙덕거렸고, 준비물이 있어도 미리미리 챙기는 습관이 들었다. 남편이 물 좀 떠오라 시켜도 능청스럽게 "아내 없~다~" 말하고 모른 척했다. 부모님은 다행히 그 시간이면 주무셔서 큰 문제가 없었다. 나도 퇴근 시간을 정해 놓으니 집안일을 서둘러 하게 되었고 11시면 글도 쓰고 음악도 듣고 책도 읽고 나만의 달콤한 시간을 즐길 수 있었다.

얼마 전 중학교에서 강의를 할 때 들려준 말이다. 가장 좋은 엄마란 자신은 돌보지 않고 가족만을 위해 일하다 마음도 몸도 힘들고 지쳐 아이들 곁에 오래 있어주지 못하는 엄마가 아니라 가족을 돌보면서도 자신의 행복도 챙겨가며 스트레스 없이 스스로를 가꾸고 다듬어서 사랑하는 아이들 곁에 오래오래 건강한 모습으로 든든하게 있어주는 엄마라고.

엄마로서 아내로서 며느리로서의 역할 모두를 잘 해내기 위해 가장 중요한 것은 주부의 건강이다. 좋은 며느리가 되려 해도 몸과 마음이 건강해야 한다. 자신을 위한 작은 책상과 자신을 위한 충전의 시간을 확보해 가져보기를 권한다.

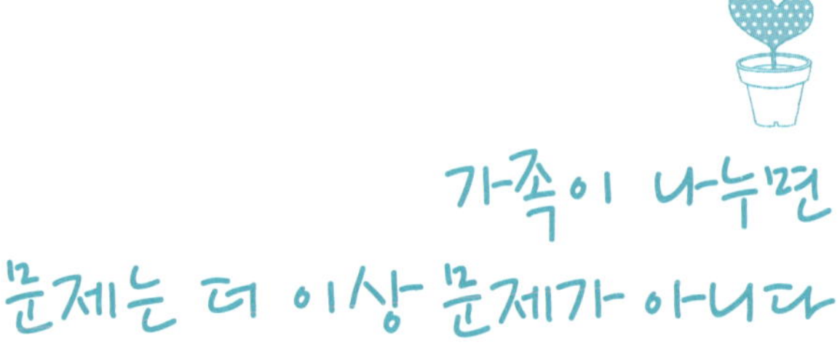

가족이 나누면 문제는 더 이상 문제가 아니다

가족이란 즐거운 일들뿐 아니라 슬픈 일, 힘든 일도 함께 나누는 사이다. 부모님을 모시고 사는 며느리들의 가장 큰 문제 중 하나는 매 끼니를 준비하는 일일 것이다. 나 또한 그랬다. 아버님은 무엇이든 맛있게 드셔서 반찬 문제로 고민해본 적이 한 번도 없었지만 어머니는 입이 좀 까다로우신 편이었다.

그래서 거의 대부분의 식단은 어머니 식성에 맞추게 되었다. 반찬도 지난 끼니의 음식이 다시 올라오면 잘 드시지 않으셨다. 반찬 투정을 하시지는 않았지만 며느리 입장에서는 어머니의 입맛에 맞추느라 새 음식을 만들려고 노력하게 된다. 그러다 보니 남는 음식이 생겼고 혼자 먹다 결국은 버리게 되었다. 그러다 무슨 방법이 필요하다는 생각이 들기 시작했다.

국가적으로 음식물 쓰레기로 인해 생기는 경제 손실이 여간 큰 게 아니고, 환경오염까지 된다는 뉴스를 접하며 아이디어 하나를 생각했다. 연두색 시트지를 잘라 이쑤시개에 붙여 '환경깃발'이라고 이름을 짓고 가족들에게 말했다. "자~ 사랑하는 가족 여러분~. 요즘 음식물 쓰레기로 인해서 환경오염뿐 아니라 막대한 경제 손실이 있다 하니 모범 가족인 우리부터 음식물 쓰레기 제로 운동에 앞장서 봅시다. 이 연두색 깃발이 놓인 음식은 가족들이 의무적으로 한두 젓가락씩 드셔주시면 감사하겠습니다~"

그 날 이후 먹다 남은 반찬에 나는 연두색 환경깃발을 올려놓았고 가족들은 즐겁게 동참해 주었다. 가족 중 가장 적극적으로 협조해 주신 분은 아버님이시다. 아버님께서는 깃발이 꽂힌 음식이 있으면 가족들에게 직접 나눠주시기도 하셨다. 하루는 자장밥을 먹는데, 그날은 콩나물 무침에 깃발을 꽂아 내놓았다. 아들은 인상을 찡그리며 "또 깃발이야?" 하였지만 아버님은 "오호~ 오늘은 콩나물이네. 자, 다들 배급이다~. 맛있게들 먹어라. 이게 바로 우리 집 특식 콩나물 자장밥이라는 거다~" 하시며 가족들의 자장밥 위에 한

젓가락씩 올려놓으셨다.

자장의 느끼한 맛과 콩나물의 상큼한 맛이 어울려 정말 맛있었다. 깃발 덕분에 남은 반찬이 거의 없게 되었고 아이들은 의무적으로 할당된 반찬을 먹으며 편식도 없게 되었다. 마침 그해 학교 환경 글짓기 대회가 있었는데 딸은 '우리 집 환경깃발'이라는 주제로 글을 써 1등을 하고, 그 원고는 구청으로 올라가 구대회에서도 1등을 했던 즐거운 기억이 있다.

가족이 많으면 좋은 점이 참 많다. 기쁨은 함께할 사람이 많으니 커지고, 슬픔은 나누니 작아진다. 심지어 잔반조차 나누면 금방 사라진다. 혼자 끙끙대기보다 모든 일에 가족의 협조를 구하기! 행복한 며느리되기는 자기가 만들어가는 것이다.

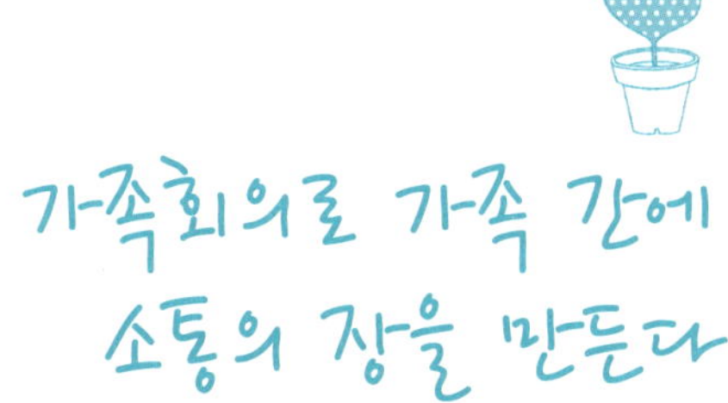

가족회의로 가족 간에 소통의 장을 만든다

부모-자식, 부부, 고부간 등 모든 관계를 원활하게 하는 가장 중요한 도구는 소통이다. 세 아이를 키우며 일을 가진 바쁜 엄마였어도 사교육 없이 바르게 잘 자라는 아이들로 키울 수 있었던 가장 큰 비결로 나는 일기장 댓글달기를 들 것이다. 매일 밤 아이들의 일기 아래 내가 그들에게 바라는 것들이나 그들의 하루를 보고 느낀 점 등을 적어주었다. 엄마의 생각을 읽고 아이들은 엄마가 원하는 것들이 무엇인지 알게 되었고 엄마가 원하는 바른 인간형에서 크게 벗어나지 않게 잘 자라 주었던 것 같다.

인성이 형성되는 초등 6년 동안 일기장을 통한 소통은 아마도 내가 아이들을 키우며 가장 잘한 일로 꼽을 수 있을 것 같다. 마음에 묻어두기보다 하고 싶은 말들을 나누다 보면 서로에 대한 이해도 깊어질 뿐 아니라 사소한 일에 토라지거나 마음 상해하지 않는 건강한 관계가 될 수 있다.

부모님을 모시고 사는 며느리로서 가족 모두의 마음을 읽고, 가족의 협조도 구하고, 서로 소통하는 시간을 만드는 것도 마찬가지로 중요하다. 그런 소통의 장이 되어줄 뿐 아니라 여러 교육적 효과도 있을 것 같아 나는 매주 가족회의를 하자고 제안했다.

진행은 아이들이 돌아가면서 하게 했다. 그것도 또한 교육이라 생각했기 때문이다. 학급회장을 한 경험들이 있어서인지 아이들은 제법 의젓하게 진행을 했다. 회의 내용은 가족들이 서로에게 원하는 것들, 스스로 지켜보겠다는 자기 공약, 그리고 가족 행사에 대한 민주적인 의사 결정 등 여러 가지였다.

지금도 기억나는 내 공약 하나가 가슴을 아프게 한다. "지난주에는 제가 바쁜 일이 많아 저녁 준비가 늦었던 것을 반성합니다. 이번 주에는 빨리 식사 준비를 하여 가족들이 배가 고프지 않도록 하겠습니다" 일을 가진 바쁜 주부였던 나는 그 주의 내 공약을 지키기 위해 종종 걸음으로 달려와 허겁지겁 저녁 준비를 했다. 가족회의의 공약 평가 시간에 가족들로부터 실천 점수를 높이 받기 위해서였다.

회의가 있는 날이면 맛있는 과일도 준비하고, 돌아가면서 회의록 작성도 하며 함께 즐거운 시간을 가졌던 걸 생각해보면 참 좋은 방법이라는 생각이 든다. 가족회의는 세대 간의 갈등 해소는 물론 바른 인성을 가진 아이들로 기르기 위한 좋은 기회가 되어주었다. 잠시 만났다 헤어지는 손님의 관계가 아닌 죽을 때까지 함께해야 할 운명 공동체인 가족끼리는 서로 마음속에 문젯거리를 두고 끙끙대기보다 터놓고 이야기하며 맞춰가는 것이 좋다.

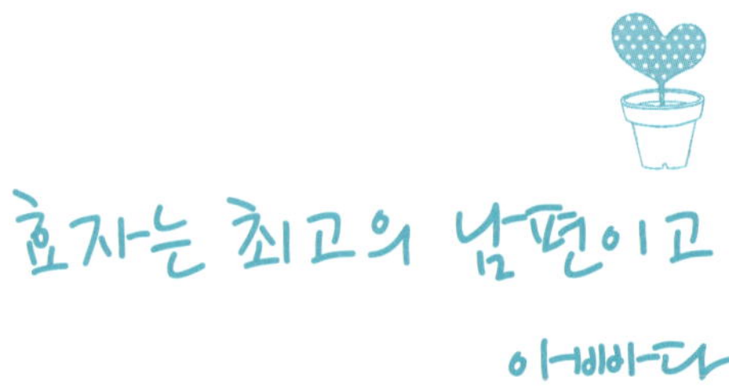

효자는 최고의 남편이고 아빠다

그를 처음 만난 날, 나는 태어나서 처음으로 파마를 했다. 그 당시에는 핀컬파마라고 앞머리를 바람머리처럼 살짝 넘어가게 하는 미니 파마가 여대생들 사이에선 유행이어서 파마 같지도 않은 그 파마만 몇 번 해봤을 뿐 뽀글이 아줌마 파머는 처음이었다.

파머를 한 건 어느 책에서 읽어본 구절이 생각났기 때문이었다. 심경의 변화가 일어나면 여자들은 제일 먼저 머리를 파격적으로 바꾼다는 글이었다. 나에게 운명 같은 일이 분명 일어날 것이라는 예감을 느낀 것이다. 안하던 파마를 하고 우중충하던 얼굴에 생기가 도는 걸 동네 사는 친구들이 감지하고 뭔 일 있냐고 묻길래 드디어 운명 같은 남자 하나 만나 연애를 시작하게 됐다고 말했다. 나한테 연애 카운셀링 해달라고 제 남자 친구랑 있었던 일들을 떠들어대던 친구들이 갑자기 경험 있는 선배로 변해 내 카운셀링을 자처하고 우리 집을 수시로 들락거렸다.

어느 날 근처에서 자취하던 친한 친구가 찾아와 무슨 퀴즈 같은 걸 말해주면서 내일 그 남자에게 답이 뭐냐고 물어보라고 했다. 내용은 이랬다. "만약 당신이 사막을 헤매다 어렵게 벗어나고 이젠 험하디 험한 가시밭길을 만나 구사일생으로 살아났다가 이번엔 바다가 나타나 죽을 뻔하다가 겨우 살아서 돌아왔을 때 가장 보고 싶은 사람은?"이었다. 지금은 기억이 잘 안 나는데 아무튼 아주 힘든 역경을 헤치고 살아났을 때 누가 가장 보고 싶은가를 묻는 질문이었다.

당시는 연애를 시작한 지 약 3개월쯤 되었을 때고, 나는 내가 만든 허상인 가짜왕자님에게 폭 빠져 있었다. 친구가 말해준 걸 잘 기억했다가 다음 날 종묘앞 2층 다방에서 그에게 질문을 했다. "만약 ○○씨가 이러이러한 상황에 놓인다면 누가 가장 보고 싶을 거 같아요?"

내가 마음속으로 기대한 정답은 나였는데 그는 1초의 망설임도 없이 '어머니' 라고 말했다. 순간, 나는 나도 모르게 벌떡 일어나 2층 다방에서 내려왔다. 눈물이 비 오듯 쏟아졌다. 생각하면 참 멍청이 바보 같은 행동이다. 지금이라면 "아, 예. 어머니, 맞아요. 어머니가 가장 많이 생각나겠죠. 오늘은 그만 일찍 갈게요"라고 적당히 마무리하고 나오면서 속으로 그랬을 거다 "그래! 어머니랑 잘 먹고 잘 살아라! 가진 것도 잘난 것도 없는 남자 하나 구제해 주려 했더니 기분 되게 나쁘게 하네. 흥!" 그러면서 뻥 차버렸을지도 모른다.

계단을 내려오면서 나는 그가 분명 뒤쫓아와 나를 달래줄 거라 생각했다. 하지만 종로3가에서 제기동 우리 집까지 걸어오는 동안 내 기대는 이루어지지 않았고 나는 패잔병처럼 쓸쓸히 걸어오면서 이제 그와는 끝장이라고 생각했다. 그렇게 하루가 가고 이틀이 가고 또 사흘이 지났다. 25살에 처음으로 운명적인 남자를 만나 진심을 다해 마음을 주었는데 나는 그에게 그렇게 보잘것없는 존재였나 생각하니 눈물이 흘렀다.

기타를 치며 처량하게 노래를 부르는데, 갑자기 엄마가 보고 싶었다. 순간! 나는 기타를 밀치고 벌떡 일어났다. 맞다! 어머니! 어머니가 맞다. 그는 정답을 말한 것이었다. 그 상황에서 27년 동안 귀하디 귀하게 키워준 어머니를 밀치고 3개월 된 햇병아리 연인이 보고 싶다고 말했다면 그건 거짓을 말한 것이다.

나는 눈물을 흘리며 그에게 전화를 했다. "미안해요. 내가 잘못했다는 걸 이제야 알았어요. 분명 바른 답을 정직하게 말했는데……. 미안해요" 택시를 타고 왔는지 30분도 안 되어 그가 나타났다. 그리고 자기가 사람을 참 잘 봤다고, 내가 원하는 정답을 말해주지 못해 마음 아프게 해서 자기도 마음이 많이 아팠다며 이해해주어 고맙다고 했다.

지금 생각하면 운명이라는 단어를 미리 씌워두고 무엇이든 좋게 해석하려고 내 내부에서 노력한 게 아닌가 싶기도 하다. 그런데 그 일은 내 인생 전체를 통해 커다란 암시를 준 중요한 사건이었다. 그와의 첫 번째 갈등이 되었던 그 사건을 내 쪽에서 이해하고 풀었던 건 그대로 관습이 되었고 법칙이 되었다.

아직까지 숱한 부부 싸움을 했어도 그는 한 번도 나에게 잘못했다고 먼저 말하지 않았다. 그저 바보같이 내가 이해하고 용서하고 포용하고 살았다. 또한 날 슬프게 한 그 사건은 오히려 나의 요상한 해석으로 인해 그가 가진 결점들을 덮고 그를 내 평생의 동반자로 생각하는 마음을 확고히 하는 계기가 되었다. 부모에 대한 효심이 깊은 사람은 나쁜 남편, 나쁜 아빠가 될 수 없다는 이야기를 어디선가 들은 적이 있었고, 나는 그 말이 믿을 만하다고 생각했다.

결혼 후 그의 무조건적인 부모님 사랑에 의해 늘 뒷전으로 밀리는 듯해 서운한 순간도 많았지만 내가 믿었듯이 그는 성실한 가장이었고 겉으로는 엄했지만 속정 깊은 아빠고 남편이었다.

그런데 아들을 낳고 그 아들이 자라면서는 그의 효심이 든든해

보이기 시작했다. 내 아이가 아빠의 효심을 그대로 보고 닮아 내 며느리 될 여자가 그런 질문을 했을 때 내가 가장 보고 싶을 거라고 말해주겠지 안심이 되었다. 남편이 시부모님께 효성스런 아들인 것을 기쁘게 생각하기, 그것도 시부모님과 사는 며느리가 스트레스 없이 행복할 수 있는 방법 중 하나다.

부모님은 교육의 고마운 동반자다

결혼하고 아버님에게 고스톱을 배웠다. 손아랫동서도 아버님께 고스톱을 전수받고 명절이면 모여 우리는 고스톱 게임을 했다. 시 댁도 친정처럼 2남 1녀여서 명절에 모이면 크게 복잡하지 않고 딱 편 나누어 게임하기 좋았다. 고스톱이 달인 경지에 오르자 이번엔 뽕을 가르쳐 주셨다. 이 게임은 두뇌 훈련에 정말 좋다. 무엇보다 고스톱은 광 파는 사람 빼고 최대 3명만 할 수 있는데 뽕은 5명까 지도 할 수 있어서 좋다.

어머니는 잡기에는 별 관심이 없으셨다. 명절 날 아버님이 두 아들 부부와 고스톱을 하고 있으면 며느리들 대신 손자 손녀들과 놀아주셨다. 그냥 짝 맞추는 화투만 겨우 할 줄 아시는 것 같았는데 그것도 하시는 모습을 본 적은 없다.

아이들이 자라 유치원에 다닐 때였다. 회사에서 돌아와 안방에 계신 부모님께 다녀왔다고 인사를 할 때마다 안방 문이 잠겨 있었다. "아버님, 어머님. 저 다녀왔습니다" 크게 인사를 하면 약 5분 후쯤 나오셔서 "그래. 잘 다녀왔니"라고 하셨다.

한두 번도 아니고 여러 번 문이 잠겨 있는 것을 보고 하루는 무척 궁금해서 여쭈어 보았다. "어머니, 낮에 왜 안방 문이 자주 잠겨 있는지 여쭤봐도 돼요?" 그러자 어머니는 수줍게 웃으시면서 말씀하셨다. "아가. 내가 요새 너거 시이버지한테 고스톱을 배운다. 그게 치매 예방에 좋다고 들어서 갈쳐 달라했는데 애들이 보면 교육상 안 좋을 거 같아서 애들 안 보게 할라고 문 잠갔다"

가슴에 감동이 일었다. 에어컨이 있는 거실에서 놀고 있는 아이들이 보면 교육상 안 좋을까봐 문을 꼭꼭 잠그고 더운 안방에서 두 분은 고스톱을 배우고 가르치며 계신 거였다. 나는 음침한 기운을 몰아내기라도 하듯 밝은 목소리로 말했다. "어머니, 무엇이든 음성이 되면 안 돼요. 밝은 곳에서 즐기는 모든 것은 교육이 됩니다. 거실에서 즐겁게 하시고 아이들에게도 가르쳐 주세요. 짝 맞추기 하다 보면 지능 발달에도 좋고 점수 계산을 하니 숫자 공부도 두뇌

회전에도 도움이 된답니다"

그 후 부모님은 거실에서 당당하게(?) 게임을 즐기셨고 그 바람에 우리 집 세 아이는 고스톱 박사, 뽕 박사고 그 덕분에 암산 능력도 탁월하다. 모두 부모님에게서 어깨 너머로 배운 잡기 능력 덕분이다. 며칠 전 내 강의를 들었던 분이 우울한 목소리로 상담 요청 전화를 해왔다. 초등 6학년 여자아이인데 방문을 꼭꼭 잠그고 핸드폰을 갖고 소셜 미디어에 빠져 공부를 안 한다고 했다. 강제로 핸드폰을 압수하는 게 나을지 소셜 미디어 해제를 하게 하는 게 나을지를 물어왔다.

막지 말라고 했다. 풍선 이론, 즉 한 쪽을 누르면 다른 쪽이 부풀어 오른다는 원리를 들려주며 아이 스스로 깨치게 하라고 일러주었다. 시간의 소중함과 중요한 것을 하기 위해 덜 중요한 것을 내칠 수 있는 가지치기의 중요함을 들려주라고 했다. 그리고 일단 엄마와 꼭 해야 하는 것을 계획하고 그걸 하고 나면 마음 편하게 하도록 하라고 한참을 이야기 해주었더니 목소리가 밝아졌다.

통풍이 되지 않는 습한 음지는 아무리 좋은 것을 두어도 부패한다. 아직 미숙한 아이들의 생각과 행동 등 모든 것은 환한 곳에서 보여져야 하고 드러나야 한다. 그러나 음지로 숨게 하는 것은 아이들 잘못이 아니라 무조건 나무라고 어른들의 생각만을 강요하는 어른들 잘못이다.

활짝 활짝 방문을 열고 모든 걸 공개하고 받아주는 환경에서 밝게 자라도록 하는 것이 좋다. 하지만 '근주자적 근묵자흑'의 원리를 잊어서는 안 된다. 붉은색을 가까이 하면 붉게 되고 검은 색을 가까이 하면 검게 된다는 원리. 좋은 것을 보여주고 좋은 것을 들려주어 좋은 인성을 가질 수 있게 배려해 주어야 하는 것도 어른들의 몫이다.

돈 안들이고 아이들을 바르게 잘 키웠다고 주변에서 칭찬을 받을 때 나는 부끄러워진다. 혼자 키운 게 아니기 때문이다. 작은 행동 하나도 아이들 눈을 생각해 자제하려 하고 고운 말 쓰는 것을 강조하셨던 어머니 덕분이다.

아버님의 수제자였던 어머니는 이제는 청출어람으로 고스톱 박사이시다. 이제 어머니는 누구와도 견줄 수 있는 실력이 되었고 아버님의 파트너가 되어 당당히 게임을 즐기신다. 가끔 아버님은 나에게 즐거운 얼굴도 넋두리를 하신다. "에미야. 너거 시어머니 참 나쁘다. 내가 돈 따면 떼먹고 자기가 돈 따면 악착같이 달라고 한다. 하하" 행복한 부부, 아름다운 부부인 내 부모님, 오래오래 건강하게 사세요.

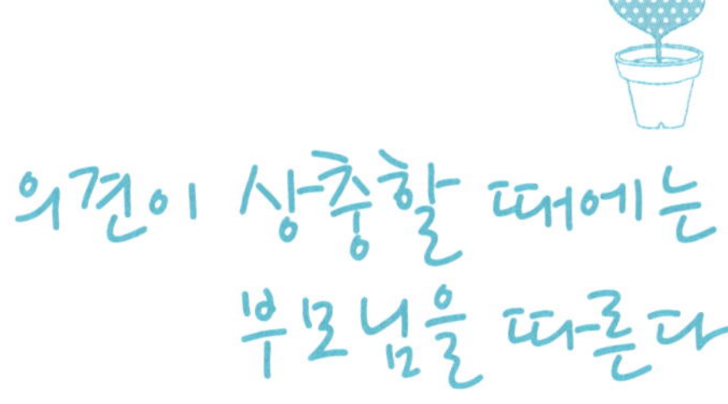

의견이 상충할 때에는 부모님을 따른다

늦둥이 귀공이가 태어나기 전에 우리 집은 3세대였는데, 언니 오빠와 10년 이상이나 차이가 나는 귀공이가 태어나자 4세대가 사는 집 같았다. 눈에 띄는 세대 간의 갈등까지는 아니어도 서로의 생각과 취향이 달라 마찰을 일으키는 경우도 적지 않았다. 반찬도 그렇고 간식도 그렇고 놀러가고 싶어 하는 곳도 달랐다.

그런 경우 나는 부모님이 원하시는 쪽으로 이끌어가려고 노력했다. "어른들의 의견이니 너희들은 무조건 따라야 해!" 식의 강요를 한 건 아니었다. 아이들 마음이 상하지 않게 지혜롭게 설득하는 방법을 연구해 모두가 그 결정에 만족할 수 있게 하려고 노력했다. 부모님의 의견을 따르려고 했던 건 꼭 어른이기 때문만은 아니었다. 내가 판단해보아 대부분 부모님의 의견을 따르는 것이 가족 모두의 건강을 위해서도 좋고 또 경제적으로도 유리한 경우가 많았다.

자주 의견 마찰을 보인 것은 가고 싶어 하는 곳을 고를 때였다. 아이들은 놀이공원을 좋아하는데 복잡한 곳을 싫어하시는 부모님은 산이나 들로 나들이 가는 것을 좋아하셨다. 어느 해였다. 어린이날이 다가오자 아이들은 나를 졸랐다. "엄마. 대공원 갈 거죠?" 그날 아버님은 가족들과 강원도로 두릅 따러 가자고 일찌감치 계획을 잡고 계신 걸 알고 있어서 나는 밝게 웃으며 말했다. "얘들아~ 그날은 말야, 사람들이 너무 많이 몰려서 놀이기구 하나 타려면 한 시간도 더 줄을 서야 해요. 우리는 반대로 강원도 산으로 가자. 대신 어린이날 지나고 공원 한가할 때 엄마랑 가자~. 엄마가 산에 가서 먹게 맛있는 김밥을 준비할게. 김밥이랑 너희들 좋아하는 간식 싸들고 산에 가서 돗자리 펴놓고 엄마랑 노래도 하고 재미있게 놀다오자~. 할아버지는 그동안 우리들 먹을 영양 많은 두릅을 따주시겠대~. 자 어때~, 근사한 계획이지? 그럼 엄마랑 미리 간식 사놓게 슈퍼 갈까?"

아이들은 간식 사러 슈퍼 가자는 소리가 기뻐서인지 금방 기분이 풀렸다. 그리고 어린이날 아침 우리는 복잡한 서울을 빠져나와 온 가족이 차를 타고 강원도로 향했다. 조수석에 앉아 음악 테이프를 선택하는 것도 4세대가 사는 대가족 며느리는 고민해야 한다. 한쪽으로 치우치지 않는 적당히 가운데 세대의 노래를 선택해 들려주어서 어린 귀공이는 3살 때 〈혼자가 아닌 나〉라는 대중가요를 앙증맞게 불렀다.

음식에 있어서도 세대 간 차이는 확연하다. 그러나 밥과 국, 나물, 생선, 된장찌개 등 한식을 좋아하시는 부모님에 맞추어 식단을 만들었다. 아이들이 원하는 인스턴트 음식보다 부모님을 따르는 것이 더 건강한 식습관을 아이들에게 길러줄 것 같아서다.

음식에 얽힌 재미있는 에피소드도 많다. 늘 아이들 하교 시간에 맞춰 어머니는 간식을 준비해 놓으셨는데 고구마가 주 메뉴였다. 어느 해 아이들의 여름방학이 끝나갈 무렵 식탁에서 아버님이 말씀하셨다. "에미야. 아이들 곧 개학하니 고구마 사러 가락시장 가자. 간식거리 사 놔야지" 그러자 옆에서 밥을 먹던 아들이 실눈을 하고 입을 삐죽이며 말했다. "치! 또 고구마야!" 친구들은 주로 피자와 통닭, 콜라 등을 간식으로 먹고 있는 것을 부러워하고 있었나보다.

그런데 아들의 말이 끝나기도 전에 남편은 밥을 먹다 말고 아들을 째려보며 말했다 "왜? 감자로 바꿔?" 옆에 있던 딸은 동생을 쿡쿡 찌르며 모기만한 소리로 아빠 눈치를 보며 속삭이듯 말했다 "야,

가만 있어. 감자보다는 고구마가 나아" 나는 속으로 웃음이 나와 참지 못하고 물을 가지러 가는 척 일어났다.

돌이켜보면 아이들에 대한 섬세한 배려조차 없이 어른들 말에는 무조건적 순종을 강요한 아빠와 자상한 이해를 구하려는 노력은 했어도 어른들의 생각을 더 존중해주는 방향으로 모든 일을 처리했던 엄마를 둔 우리 아이들에게 새삼 미안한 마음이 든다. 그럼에도 세상을 밝은 눈으로 보는 긍정의 마음을 가진 아이들로 착하게 잘 자라준 것이 감사하다. 이 모든 것을 나는 부모님의 공으로 돌리고 싶다. 보수적인 아빠와 바쁜 엄마를 가져 부족했던 많은 부분을 부모님이 채워주셨기 때문이다.

부모님의 의견을 따르려는 쪽으로 가족들을 이끌어간 또 하나의 이유가 있었다. 가족 간에 의견 마찰이 있을 때 부모님의 의견을 존중하는 것을 본 아이들은 자연스레 어른에 대한 공경심을 배울 수 있고 훗날 저들도 그럴 수 있을 거라는 생각도 내가 갖고 있던 목적이었다. 각각의 색깔로 피어있는 꽃들이 어우러져 가족이라는 아름다운 정원을 만들어갈 수 있게 정성껏 가꾸는 정원사도 주부의 또 다른 이름 같다.

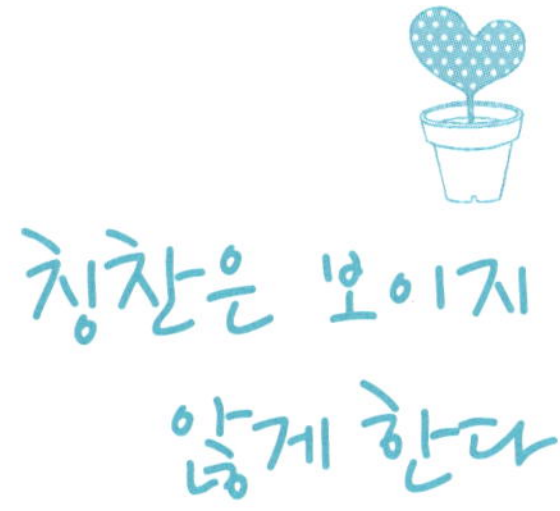

칭찬은 보이지 않게 한다

어느 책에서 읽고 "어! 바로 내 실천법이네!" 하고 소리친 말이 있
다. "~구나. ~겠지. ~감사하다" 생각법이다. 내 마음 상태가 흔들
리지 않게 최대한 현상을 객관적으로 보고, 좋은 방향으로 생각하
고, 그리고 그나마 감사하게 생각하는 것, 내가 나를 보호하기 위해
선택한 내 생각법인데 책에서도 읽어 반가웠던 말이다.

새벽에 집을 나와 멀리 지방 강의를 마치고 들어갔는데 싱크대에
설거지거리가 그대로 있을 때 나는 생각한다. "오늘도 여전히 남편
은 설거지를 안 해 놓았**구나.** 자기도 미안한 마음은 있**겠지** 그래도

아파서 병원에 누워있는 남편을 가진 사람도 있는데 건강하니 **감사하다**" 이 방법은 주로 변경할 수 없는 사람들이나 현상에 대해 내가 가졌던 생각법인데 어머니에 대해서도 그랬다.

나는 어머니의 모습을 마음 상해하지 않고 객관적으로 지켜본다. 남편보다 생일 빠른 여자는 며느리 보기 전에는 생일을 차려먹을 수 없다고 하신 것, 며느리가 일을 갖고 있는데도 남편에게는 절대로 집안일을 도와달라고 하지 말라고 하신 것, 그리고 직장에서 늦게 돌아와 가족들이 배가 고파서 어쩔 줄 몰라 해도 며느리가 와서 저녁을 차릴 때까지 저녁밥 지으러 부엌에 절대 들어가시지 않으시는 것 등을 볼 때마다 나는 내 생각법으로 생각한다.

'우리 어머니는 올해도 내 생일을 무시하고 지나가시는 **구나**. 그렇지만 그것은 가장의 기를 세워 주려는 생각에서 어머니의 어머니로부터 배워 익힌 생각이시**겠지**. 그렇지만 언제나 나를 위해 기도해주셔서 내가 건강하게 일을 잘하고 있으니 너무나 **감사하다**'라고 생각하고 나면 마음이 편안해진다.

낯설기만 한 시집살이에서 남편조차 다정하지 않은데 어머니까지 내 엄마랑 너무 달라 처음엔 마음으로 많이 울기도 했지만 바로 생각을 고쳐먹었다. 나는 바꿀 수 없는 상황에 끙끙대는 어리석은 여자가 아니다. 소중한 나를 지킬 줄 아는 이기적인(?) 여자가 되는 방법을 깨우쳐 알고 있었다.

어머니는 내 머릿속에 정해놓은 바꿀 수 없는 사람으로 분류되어 있었다. 그리고 그 분류에 들어있는 사람들은 서운하다 생각할 시간에 좋은 점을 찾으려고 노력하는 게 낫다는 것이 다음 순서의 생각이다. 그 생각을 행동에 옮기기 위해 어머니를 유심히 관찰하다 중요한 것을 찾아냈다. 어머니의 기도하시는 목소리 속에서 내 이름을 들은 것이다.

어머니는 매일 하루도 빠짐없이 아침 점심 저녁 묵주기도를 하신다. 새벽에 밥을 하러 일어나면 언제나 촛불을 켜고 정갈한 차림으로 가족을 위해 새벽 묵주기도를 드리시는데 그 모습은 존경을 넘어 신비롭기까지 하다. 어머니는 나지막한 소리로 가족의 이름을 차례차례 부르며 기도를 하시는데 자세히 들어보면 내 이름이 꼭 들어있었다.

"우리 집 큰며느리, 오늘도 건강하게 차 조심 사람 조심 잘 하게 도와주소서" 가슴에 감사함이 밀려왔다. 어느 날 성당의 어머니 아시는 분이 나에게 말했다. "어머, 아가다 자매님의 큰며느님이시군요. 어머니께 얘기 많이 들었어요. 착하고 일 잘하고 아이들도 정말 잘 키운다고 어머님이 얼마나 며느리 자랑을 하시는지 몰라요. 밤마다 아이들 일기장에 편지도 써준다고 칭찬하시던데요"

나는 깜짝 놀랐다. 어머니는 내 앞에서는 한 번도 나를 칭찬하시지 않았지만 다른 사람들에게는 늘 나를 좋게 말씀하셨던 거였다.

부끄러웠다. 어머니 안 계신데서 나도 이젠 어머니 칭찬만 해야지 속으로 결심했다. 들리지 않은 박수소리가 소리 나는 박수보다 더 큰 소리를 내는 것을 어리석은 나는 한참이 지나서야 알았다.

PART
05

누구나 해피지기가

될 수 있다 

내 몫의 행복은
양보하지 마라

정말 숭고한 말인데 대항하고 싶어지는 성경 구절이 있다. '한 알의 밀알이 땅에 떨어져 죽지 아니하면 그냥 한 알만 남아있을 것이로되 만일 죽으면 많은 열매를 맺으리니'하는 구절이다.

내가 고3 이었을 때 아버지가 하시던 일이 많이 힘들어져 나는 대학에 갈 수 없는 상황이 되었다. 그 당시 우리 동네에서는 남동생 둘 있는 가난한 집의 장녀는 공부를 잘해도 거의 대학에 못 갔다. 더구나 아버지는 오래된 지병까지 갖고 계셨다. 대부분의 경우 이런 상황이면 친정의 살림 밑천 역할을 하지, 자기 꿈을 위해 이기적으로 행동하지 않는다.

돈을 벌어 동생들 공부시켜 집안을 일으키고 알뜰히 돈을 모아 친정에 무슨 일이라도 생기면 적지 않은 돈을 부조하기도 한다. 그런데 무슨 배짱이었을까? 나는 무조건 대학에 가겠다고 우겼다. 장학금을 받고 갈 수 있는 마음에 내키지 않는 대학 말고, 내 실력으로 갈 수 있는 내가 가고 싶은 대학을 가겠다고 했다. 대신 집안 형편을 잘 알고 있으니 일단 서울만 보내주면 생활비며 등록금을 모두 내가 벌어 다니겠다고 단호하게 말했다.

내 비장한 얼굴에 한마디 말씀도 않으시고 부모님은 입학금과 학교 앞에서 자취할 방 보증금을 어렵게 마련해 주셨다. 20세에 가정 형편과는 상관없이 씩씩하게 상경하는 것까지는 성공했지만 난 사실 그리 강하고 억척스런 여자는 못되었다.

한없이 여린 내 안의 내가, 우주의 중심은 나이고 그 어떤 상황에 의해서도 내가 가고 싶은 길을 방해 받아서는 안 된다고 속으로 강하게 부르짖었다. 그리고 당장은 이기적인 장녀로 비치겠지만 나는 그 길이 내 부모님과 내 동생들을 위해 궁극적으로는 도움을 줄 수 있는 길일 거라고 확신하고 있었다.

모든 사람의 최대의 적은 자신이라고 했다. 나 또한 그랬다. 자신을 그늘로 이끌어 가려는 약한 한 쪽 마음을 다른 한 쪽이 막아주고 토닥여 주며 내가 가고자 하는 방향으로 당당히 끌어내었다. 밀알도 살고 밀알이 맺는 열매들도 사는 행복한 세상이어야 한다고 늘 내 안의 내가 명령하고 주문했다.

Secret

자기 몫을 잘 챙기라. 자기를 사랑할 줄 아는 사람만이 다른 사람도 사랑할 수 있다. 자기를 사랑하는 방법을 알고 있으니 다른 사람들에게 그 방법을 알려줄 수도 있다. 나도 남도 함께 잘사는 세상을 만들어가자.

나는 우주의 가장 중심임을
기억하라

여러 문제가 얽혀 해결 고리를 찾기 힘들 때 내가 즐겨 쓰는 방법이 하나 있다. 하얀 종이 한 장과 검은 펜 하나를 들고 차분한 마음으로 앉는다. 그리고 동심원을 너댓개 그린다. 가장 가운데 원 안에 내 이름 세 자를 또박또박 쓴다. 그 다음부터 바깥 쪽으로 원을 그려가면서 나와 가장 가깝다고 생각되는 순서대로 이름이나 관계명을 적어넣는다.

그리고 끝에서 두 번째 원엔 나와 인간관계를 맺고 사는 소중한 지인들을 적고 맨 마지막에는 나는 모르지만 함께 이 세상을 공유하는 익명의 사람들을 통틀어 이웃이라고 적는다. 나를 둘러싼 동심원 속의 인물들의 순서는 내 기분에 따라 달라질 수가 있다. 남편은 평소 두 번째 원 안에 위치하지만 나랑 다툰 날은 맨 바깥쪽 동그라미에 밀려 달랑 매달려 있곤 하니까.

난 그에게 큰 벌이라도 내린 양 혼자 히죽대며 웃곤 한다. 드문 일이긴 하지만 어쩌다 무척 나를 감동시키는 날엔 맨 안쪽 동그라미, 신성한(?) 나만의 공간에 같이 살짝 이름 넣어주기도 한다. 부부는 일심동체니까 하면서. 다른 사람들은 이렇게 내 기분에 따라 위치가 바뀌지만 절대로 바뀌지 않는 것이 있다. 바로 동심원 한가운데의 '나'이다.

나는 가운데 원 안에 내 이름 석 자를 적으면서 나를 둘러싸고 있는 수많은 관계 속에서 내가 가장 중심에 있고, 내가 약해지고 쓰러지면 그 동심원은 핵을 잃어 방황한다는 자기 암시를 주며 힘을 내야 한다고 끝없이 주문한다. 내 또래 대부분의 친구들처럼 적지 않은 세상을 살아오면서 참으로 많은 크고 작은 일들을 겪었는데 그때마다 난 책상에 앉아 이 동심원을 그렸다.

오래 전 아버지가 사고로 돌아가셨던 날 밤 슬퍼하는 가족들과 울다가 슬며시 일어나 남 몰래 한 것도 이 동심원 그리기였다. '나까지 슬퍼서 헤매면 안 된다. 기진맥진 혼절한 가엾은 엄마에게 뭘 드시게 해서 정신을 차리게 해야 하고, 아직 장가도 안 간 두 동생들 결혼할 때까지 정신적 힘이 되어줘야 하는 것도 맏딸인 내가 할 일이다.'

나는 어둠 속에서 동심원 속 나에게 남처럼 주문했다. 동심원 한가운데 선명하게 적혀있는 내 이름을 보자 알 수 없는 힘이 솟아났다. 난 슬픈 얼굴을 지우고 눈물을 닦으며 기운을 냈다. 그리고 이 세상에서 아버지가 가장 사랑하셨던 딸로서 아버지가 남긴 가족들이 아버지 없는 세상에서도 힘차게 살아갈 수 있도록 도와주어야 한다고 속으로 다짐했다.

이 동심원 그리기는 내가 발명한 나만의 자기 암시 방법이라고 생각했는데 정덕희 씨의 에세이집을 읽다가 그녀도 우울하고 일이 잘 안 풀리면 이 동심원을 그린다는 얘기를 읽고 속으로 웃었다. 나 혼자만의 방법이 아니라는 건 그 효과가 객관적으로 입증되었다는 뜻이기도 하겠지 하는 생각이 들어서였다.

소중한 사람이 물에 빠졌을 때 감정만 앞세워 뛰어들면 둘 다 익사한다. 급한 마음을 진정시키고 침착하게 튜브를 던져주거나 긴 끈을 조금 거리를 두고 던져주어야 하는 것, 그게 진정 함께 사는 방법이다. 모두가 힘들어 방황할 때 그들과 조금 떨어져 이성을 회복하여 내 소중한 이들에게 튜브를 던져줄 기운을 재빨리 회복해야 한다. 내가 건강해야 모두의 중심에서 역할 할 수 있기에 나 자신은 정말 소중한 존재임을 깨달아야 한다. 우리들은 모두 우리가 만들어가는 커다란 동그라미 세상의 중심이다.

Secret

일이 잘 안풀려 정체성에 혼돈이 올 때 동심원 여러 개를 그리고 가운데에 이름을 적어넣자. 그리고 가운데 이름 석 자를 뚫어지게 바라보라. 알 수 없는 기운이 솟아남을 느낄 것이다. 우주의 중심인 나는 실로 위대한 존재이며 어떤 것에 의해서도 경시당할 수 없다.

자극과 반응 사이에 공간을 두어라

공지영 씨의 《즐거운 나의 집》이라는 책을 읽다 마음에 드는 구절을 발견했다. 머릿속에 생각은 있는데 딱히 정의가 안 돼 빙빙 돌던 것이 일목요연하게 정리되어 있는 구절을 발견하면 정말 기쁘다. "자극과 반응 사이에는 공간이 있다. 그 공간에는 내 의지와 상관없이 나에게 온 자극에 대해 내 마음대로 반응할 수 있는 자유와 힘이 있다"

나에게는 내가 그리는 큰바위 얼굴이 있다. 그 큰바위 얼굴은 타인의 행동이나 말로 인해 상처를 받고 힘들어 하고 괴로워하는 어리석은 짓은 하지 않는다. 나의 잘못으로 인한 비난이면 당연히 달게 받고 반성하며 용서를 구하겠지만 나의 잘못이 아닌 나와 아무 상관없이 오는 자극으로 나를 상처 입게 두지는 않겠다는 생각이다.

기억해 보면 나는 늘 어려움 속에서도 나를 지키려는 생각으로 마음의 평정을 흐트리지 않으려고 애썼던 것 같다. 1980년대 초 어렵게 고학을 하던 시절에도, 7식구의 뒷바라지를 하며 직장을 다니던 바쁜 시절에도 나는 쉽지 않은 환경 속에 놓여있었다. 그럼에도 좀처럼 어려운 현실을 비관하여 우울해하는 모습을 가져본 적이 없다. 그냥 내가 가진 모든 것에 감사했다.

어찌 보면 이것은 외부 환경으로부터 나를 지켜내려는 강한 자아 사랑에서 비롯된 것인지도 모른다. 돌봐주는 이 없는 낯선 객지에서 자극에 민감한 체질이 되면 상처투성이가 될 것을 염려해 언제 어떤 형태로 나를 공격해 올지도 모르는 자극에 대해 의도적으로 둔감하게 만들려고 훈련해 온 것인지도 모른다.

'자극! 환경! 네까짓 게 뭔데 날 기분 상하게 만들려고 해? 네까짓 것들에 의해 내가 스트레스 받을 줄 알고? 흥! 웃기시네! 넌 나를 오히려 더 강하게 만들지. 고요한 바다에서는 유능한 뱃사공이 만들어지지 않는 법이니까' 그런 내 주문 때문에선지 나를 공격하려 다가오던 외부의 자극과 환경들은 언제나 당황해하며 뒷걸음질을 쳤다. 한 템포 쉬었다가 내 마음대로 반응하려는 내 의지에 졌다.

Secret

시도 때도 없이 공격해오는 외부의 자극에 대해 나를 보호해줄 공간을 마련하라. 공격해오는 대상이 전혀 예상치 못한, 오로지 내가 만들고 싶은 반응으로 오히려 공격자를 당황하게 만들 자유의지의 창출 공간을 가져라.

잘 풀린다 믿으면 잘 풀려진다

이상하게 일이 꼬인다고 투덜대는 사람들을 많이 본다. 어쩌다 시간 내어 마음먹고 파마를 하러 미용실에 가면 정기휴일이고, 안 하던 반찬을 푸짐하게 만들어놓고 기다리면 남편은 회식이라며 늦게 온다고 투덜댄다. 가방 속에 우산을 챙겨 다닐 땐 비가 오지 않더니, 우산을 빠뜨리고 온 날엔 비가 온다고 말하는 사람들을 가리켜 머피의 법칙 신봉자라고 한다.

특정한 어떤 사람을 방해하기 위해서 의도적으로 반대로 작용하는 것이란 본래 없다. 일이 잘 풀리는 것은 당연한 거라 여겨 우리는 그것을 미처 인식하지 못한다. 유독 뜻대로 풀리지 않는 것만을 부각시켜 느끼는 것일 뿐이다. 정류장에 도착하자마자 버스가 와서 잘 출발했던 과거는 잊고 도착하기 직전 버스가 떠나 오랜 시간 동안 다음 버스를 기다린 것만 기억하고 머피의 법칙을 운운한다.

나는 자칭 합리화의 대가이며 샐리의 법칙 맹신자다. 지금은 구의역의 모든 계단에 에스컬레이터가 있지만 예전에는 네 개의 출구가 모두 계단으로 되어 있었다. 어느 날 에스컬레이터 설치 공사를 하는데 4개 중 1번 출구만 에스컬레이터가 설치된다고 했을 때 나는 속으로 '야호' 하고 외치며 생각했다. "내 오피스텔이 1번 출구 앞에 있으니 1번만 공사를 하네" 하고.

남편에게 말했더니 "못 말리는 합리화 또 나온다"고 혀를 찼지만 이렇게 생각할 수밖에 없도록 신기하게 뭐든 잘 들어맞았다. 경기도의 한 중학교에서 부모 교육 강의를 하기로 예정되어 있었다. 그런데 얼마 후 내가 강의를 가기로 한 그날 다른 중요한 모임이 생겨버렸다.

강의를 펑크 낼 수는 없으니 어쩔 수 없이 불참을 알려야 했는데 생각지도 않게 교장선생님께서 미안해하는 목소리로 전화를 하셨다. 갑자기 일정이 바뀌었다며 다른 날 강의를 부탁할 수 있는지 물으셨다. 나는 알았다고 말씀드리며 속으로 쾌재를 불렀다. 강의 시간이 바뀌는 일은 좀처럼 없는 일인데 누군가가 돌봐줘서 나는 하는 일이 뭐든 뜻대로 술술 잘 풀리는 사람이라고 혼자 신나했다.

그러나 냉정히 말해 나에게만 유리하게 일이 잘 풀릴 리는 없다. 나에게 좋은 일만 일어난다고 믿는 마음이 유리한 상황만 보이게 만들고, 긍정적인 생각들이 더 좋은 상황들을 만들어 냈을 것이다. 내가 만나는 사람들, 내가 만나는 일들은 모두 좋은 인연들이고, 나는 무엇을 하든 일이 잘 풀린다고 생각하는 샐리의 법칙은 우리들의 삶을 더 좋은 상황으로 이끌어간다. 나는 참 운도 좋고 복도 많다고 생각하기! 무엇이든 감사의 마음으로 받아들이고 자신의 삶은 축복받은 것이라고 생각하는 긍정의 힘이 행복의 문을 여는 가장 중요한 열쇠이다.

우주에 떠도는 행운은 끌어당겨 잡는 사람이 임자다. 부정적 생각으로 똘똘 뭉쳐 눈과 귀를 닫고 있는 사람에게 행운은 절대로 다가가지 않는다. 당장 표정부터 바꾸고 목소리부터 밝게 바꾸자. 방글거리며 밝은 목소리로 바꾸면 무슨 좋은 일이 있냐고 묻는다.

'새로 시작한 장사가 참 잘 돼'라고 대답하라. '뭔지 모르지만 나도 살게'라는 답이 돌아올 것이다. 돈이 들어오고 일이 술술 풀리게 될 것이다.

Secret

'나는 특별한 사람이야! 무조건 잘 될 거야! 암 잘 되고말고!' 라고 매일 아침 소리쳐라. 행복을 만들어가려고 노력하는 사람에게 행운도 가서 안긴다.

변경할 수 없는 건
받아들여라

좋아하는 시가 여러 편 있는데 그중 하나가 독일 시인 라인홀드 니이버의 〈지혜를 구하는 기도〉라는 시이다. 이 시의 첫 구절을 나는 좌우명처럼 여기고 늘 되뇌인다.

내가 변경할 수 없는 것들은 그대로 받아들일 수 있는 평온함을,
바꿀 수 있는 것들은 바꾸는 용기를,
그리고 그 둘 사이의 차이를 알게 하는 지혜를 제게 주소서

강의 중에도 꼭 들려주는 시 구절이다. 공부를 열심히 하지 않고 부모 말씀도 잘 듣지 않는 내 아이가 마음에 들지 않고 모범생인 옆집 아이가 마음에 든다고 아이를 바꿀 수는 없다. 열심히 돈 벌어다 주고 집안일도 도와주고 기념일이면 정성스런 선물까지 챙겨주는 남의 집 남편이 마음에 든다고 결혼한 지 25년이 되도록 아내의 생일날 선물 하나 챙겨줄 줄 모르는 내 남편과 바꿀 수도 없다.

내가 갖게 된 사람이나 다가온 문제들을 냉철히 분석해보고 변경할 수 없는 부류에 속한다면 그대로 소중한 내 것으로 여기며 평온한 마음으로 받아들이는 것이 현명하다. 그리고 그 속에서 좋은 점들을 찾아 더 나은 모습으로 바꾸어 가려는 노력을 하는 것이 바람직하다.

하지만 바꿀 수 있는 문제에는 끙끙대고 있지 말고 적극적이어야 한다. 남편이 돈을 조금 벌어온다고 투덜대기만 하는 것은 어리석다. 아껴 쓰는 것으로 간접 수입을 늘리고, 적당한 일거리를 찾아 보태려고 노력하는 게 낫다. 결혼 초 그가 월급을 타 와서 쓸 것도 많은데 부족해서 어쩌냐고 걱정스럽게 말할 때도 나는 "힘들게 돈 벌어와 주어 고마워요. 걱정 마세요, 알뜰하게 쓰면 돼요"라고 말했을 뿐 가족을 위해 성실하게 일하는 그에게 돈 적게 번다고 탓한 적 없다. 오히려 돈 벌 자리가 없나 궁리를 했다.

내 머릿속에서 내가 할 가장 중요한 역할은 아이를 바르게 잘 키우는 것이라 생각했기에 큰 수입은 못 되었지만 아이들 키우면서도 할 수 있는 일들을 찾아서 했다. 사람과의 관계에서도 마찬가지다. 매끄럽게 해결되지 않는 문제가 있다면 끙끙대고 있기보다는 직접 그 사람을 만나 이야기해서 푸는 것이 현명하다.

그러나 때로는 시간이 필요한 문제 해결 방법도 있다. 의견 대립이 첨예할 경우 만나서 따져가며 해결하려다 더 큰 상처를 주고받을 수도 있기 때문이다. 이 사이에 낀 음식을 제거하기 위해 이쑤시개로 헤집다보면 상처를 내기도 하지만 그냥 두면 자연히 침과 함께 삭아 저절로 빠지는 것처럼 시간이란 묘약을 빌려 문제를 해결하는 것도 방법인 것이다.

나는 넉넉하지 못한 가정 형편 때문에 어려운 시절을 경험했어도 내 부모님을 한 번도 원망해 본 적이 없다. 내 부모 내 형제가 늘 최고라고 생각하며 자랐다. 내가 바꿀 수 없는 환경이나 사람은 그대로 평온한 마음으로 받아들이고 그 속에서 장점과 가치를 발견해 가는 것이 옳다.

또한 바꿀 수 있는 문제는 끙끙대고 있기보다 적극적으로 문제를 해결하도록 노력해 스트레스의 원인이 되는 감정의 찌꺼기는 늘 긍정의 드라이어로 건조해 날려 보내 버리는 것이 지혜롭다.

Secret

변경할 수 없는 것으로 끙끙대며 고민하는 것처럼 어리석은 것은 없다. 문제가 생겼을 때는 그 문제의 성향을 빨리 파악하고 각각의 성향에 따라 문제를 두 가지로 분류하라. 고민해도 바꿀 수 없는 건 운명이려니 생각하며 받아들이고, 해결할 수 있는 건 적극적 의지와 행동으로 응대하면 된다. 고민은 소중한 나를 갉아먹는 나쁜 벌레이니 나와 함께 오래 두지 말라.

때로는 안 본 척 눈을 감아라

　운전을 배우겠다고 말했을 때 남편은 내가 겁이 무척 많다는 점을 들어 반대를 했었다. 운전을 하다 보면 길에 개와 고양이들이 죽어 있는 것을 볼 텐데 간이 작은 나는 그걸 보면 너무 놀라서 핸들을 놓아버릴 게 틀림없다고 운전을 배우지 말라고 말했다.

　"이구. 아무리 내가 겁이 많기로서니 운전을 배우지 않아야 하는 이유치곤 너무 빈약하지 않아요? 구더기 무서워 장 못 담근다는 말 같네, 치!" 그리고 운전을 배워 바로 운전을 하게 되었다. 운전을 하다 보니 동물들이 겁 없이 차 앞으로 들어온다는 것을 알게 되었다. 동네 골목으로 들어오면 빵빵대도 달아나지 않는 비둘기나 강아지들 때문에 그들이 비켜주기를 기다려 운전하느라 한참을 서 있은 적도 많았다.

　골목에서 만나는 동물들이야 멈춰서 있어도 되니 얼마든지 피할 수 있지만 고속으로 달리는 도로 위에서 동물들이 나타나면 급정거할 수도 없다. 간혹 운전을 하다보면 남편이 말한 대로 길 위에 쓰러져 있는 동물들이 보일 때도 있다. 그러나 나는 단 한 번도 죽은 동물을 본 기억이 없는 것으로 내 머리에 입력되어 있다.

분명 동물 같은 것이 땅에 놓여 있어도 나는 그럴 때마다 내 머리의 거름망을 사용한다. 나를 둘러싸고 약 20미터 거리에 아주 촘촘하게 그물망을 짜놓고 내 마음대로 그물 밖 물체를 해석한다. '희미하게 보이는 저 물체는 앞서 간 화물차가 떨어뜨린 물건일 거야. 누가 박스를 떨어뜨린 거야.' 그러고는 가까이 다가오면 눈을 지그시 감고 내 상상 속 물체인 것으로 생각하고 여유 있게 지나간다. 죽은 동물이 길 위에 있건, 앞 차가 떨어뜨린 종이상자가 놓여있건 운전자는 정면을 보고 앞으로 돌진해야 한다.

내가 앞을 가로막고 있는 물체에 놀라 멈추면 나만 다치는 것이 아니라 내 뒤에 오는 다른 사람도 다친다. 인생을 살다 보면 앞길을 가로막는 많은 장애물들을 만나게 된다.

그중에는 정면을 향해 두 눈을 바로 뜨고 직접 부딪쳐 해결하고 나가야 하는 장애물도 있지만 눈 지그시 감고 무시하고 지나치는 게 더 나은 장애물도 있다.

경우에 따라 현미경으로 확대해 자세히 분석해볼 문제도 있지만 때로는 거름망을 만들어 여과시키는 게 나은 문제도 있다. 내 마음의 평정을 흐트리지 않아야 몸의 DNA 구조 배열도 뒤죽박죽 얽히지 않는다.

스트레스가 몸을 망친다는 원리는 초연하는 능력이 부족해 생기는 것이다. 그러므로 마음의 평정을 지켜가기 위한 내 마음속 그물망은 나를 지키기 위해 꼭 필요한 장치이다

Secret

세상을 살다보면 보기 싫은 일들도 있고 듣기 싫은 말들도 있다. 그럴 땐 지그시 눈을 감고 살며시 귀를 막아라. 내 소중한 것들을 지키지 위해서는 못 본 척, 못 들은 척하며 세상사에 초연할 필요도 있다.

실망할지언정 낙담하지는 말아라

여고 1학년 때였나 보다. 영어 구문 해석을 하는데 가슴에 와 닿는 글귀가 있었다. "I am disappointed, but I am not discouraged. 나는 실망하지만 낙담하지는 않는다." 그 말은 그대로 내 가슴에 새겨져 나를 지탱해주는 또 하나의 경구가 되었다.

나는 인간의 가치를 완성된 결과로 평가하지 않으며 나 또한 실패할 것을 두려워 시도하기를 망설이지 않는다. 타인의 시선을 고려하지 않고 내 안의 욕망에 박수 보내며 끝없이 자신을 놓아줄 줄 아는 이 대담한 용기는 나에게 자기 사랑의 근거가 되어준다.

가끔 누군가 나에게 그 근거 없는 자신감의 근원은 무엇이냐고 농담 삼아 묻곤 한다. 대단히 이루어 놓은 것도 없어 보이는데 뭘 믿고 그렇게 자신감에 차 있는지 궁금할 법도 하다. 자신감이란 자기 신뢰를 말하며 자기 신뢰는 의도적으로 가지려 노력한다고 생겨나는 것은 아니다. 내면에서 우러나는 자기 사랑에서 근거하는 것이다.

자기에 대한 진정한 사랑은 어떤 모습의 자아에서 나올 수 있을까. 내 경우 내가 나를 높게 평가하는 모습은 단 하나이다. 그것은 어떤 상황에서도 용기를 잃지 않는다는 것이다. 나는 여건이나 환경들을 들먹이며 스스로를 옭아매지 않고 놓아 두어 가슴 설레는 어떤 일을 만나면 마음이 가도록 허락해줄 줄 아는 개방성을 사랑한다. 또 선택한 시도에서 어떤 결과가 나와도 그 시도만큼은 이익이라 여기며 조금 실망은 할 수 있겠지만 결코 낙담하지 않는 긍정성도 나는 사랑한다.

생각해보면 좌절하지 않는 용기는 언제나 나를 믿고 지지해주는 두 사람 덕분인 듯하다. 아버지의 사업 실패로 객지 생활을 하며 힘든 시간을 겪으셨을 텐데 한 번도 찡그린 얼굴을 보여주지 않으시고 늘 밝은 미소로 내 곁에서 나를 지지해준 내 엄마는 늘 새로운 것을 시도하는 데 두려움을 갖지 않게 해주는 내 힘의 근원이다.

그리고 고마운 또 한 사람, 남편. 그는 평소엔 그리 살갑지 않다가 내가 어려운 순간에 처했을 때 역할을 톡톡히 해주는 참 감사한 사람이다. 아주 오래 전 IMF로 나라 사정이 어려울 때 나는 영어 잡지 대리점을 하나 내겠다며 사무실을 차려 나만의 사업을 시작했다. 그러나 오래지 않아 본사는 문을 닫고 나는 패잔병처럼 사무실 집기를 차에 싣고 집으로 들어오고 말았다.

다행히 규모가 크지 않아 물질적으로 큰 손실을 입은 것은 아니었지만 처음으로 사무실을 얻고 집기류까지 장만해가며 내 딴엔 사업이라고 시작했는데 일을 접어야 했을 때 무척 상심이 컸다. 그때 남편이 8800 번호의 핸드폰을 하나 사주며 말했다. "힘내라. 아무 것도 하지 않아서 잃은 것이 없는 삶보다는 무언가를 하다가 당장은 잃은 것 같은 삶이 궁극적으로는 더 얻은 삶이다. 자 팔팔하게 다시 일어나라. 나는 너를 믿는다"

남편이 사준 그 핸드폰은 소중한 의미 때문에 지금도 내 곁에 있다. 그리고 무엇이든 실패를 두려워하지 않고 다시 새로이 도전해볼 용기를 낼 수 있게 힘을 준다. 기대와 희망이 실망과 후회로 바뀌는 경험을 끝없이 반복하며 살아왔지만 나는 단 한 번도 용기를 잃고 낙담하거나 좌절한 적이 없다. '여기에선 이걸 배웠다. 다음엔 그런 실수를 반복하지 말아야지' 생각하고 새로운 도전에 나섰다.

걷고 걷고 또 걸으면 뼈의 골밀도가 높아지듯이 시도하고 실패하기를 반복하다보면 정신의 골밀도가 높아진다. 어떤 시련을 만나도 이겨낼 수 있는 강건한 뇌로 만들어진다. 그러므로 마음에 들지 않는 결과를 얻게 되더라도 용기를 잃을 필요는 없다. 실패는 소중한 경험을 우리에게 가져다주므로 결국은 분명 이익이기 때문이다.

Secret

정신의 자양분이 되어줄 소중한 실패의 경험을 결코 두려워하지 말아라. 자신의 부족한 점을 헤아리며 잠시 실망하고, 용기를 내어 다시 시작하라. 세상의 실패 수업은 많이 해볼수록 최후에 가장 멋진 승자가 될 수 있다.

발산형 취미를 가져라

나는 클래식이든 대중가요든 그냥 듣고 느끼는 것보다 따라서 흥얼대거나 직접 부르는 것을 더 좋아한다. 잘 치지는 않지만 기타 반주를 하며 내 기분에 어울리는 가사와 곡조를 가진 노래를 골라 감정을 실어 부르면 금세 기분이 좋아진다. 노래를 좋아하는 나는 결혼할 남자도 노래를 좋아하는 사람이면 좋겠다고 생각했다.

그래서 처음 그를 만났을 때 내가 한 첫 번째 질문은 "노래 부르는 거 좋아하세요?"였다. 노래 부르는 걸 좋아하다보니 내가 부르고 싶은 노래를 만들기도 했다.

남자친구 하나 만들고 싶은데 마음에 드는 사람이 없을 때 나는 〈내 마음〉이라는 노래를 작사·작곡해 혼자 처량하게 불렀다. 노래를 부르고 나니 남자친구를 만나 호숫가 달을 보며 데이트하고 돌아온 듯 즐거워졌다.

일이 뜻대로 잘 안되어 좌절감이 들 때는 "힘이 들면 그대로 멈춰 눈물 흘려도 좋아. 이제 시작이란 마음만은 잊지 마. 네 전부를 거는 거야, 모든 순간을 위해. 넌 알잖니 우리 삶엔 연습이란 없음을”
이라는 마지막 승부 노래를 힘차게 불렀다. 그러면 그 순간 정말 슬
픔들은 다 달아나고 있음이 느껴졌다.

시도 그렇다. 눈으로 보고 머리로 음미하기보다 소리 내어 낭송하
기를 즐겼다. 내 상황과 비슷한 시를 골라서 최대한의 감정을 싣는
다. 남편과의 관계에서 나는 늘 주기만 하고 받는 건 서툰 것 같아
기분이 상하다고 느낄 때가 많았다.

그럴 때는 기타를 꺼내 반주하며 시를 읊었다. “사랑하는 것은 사
랑을 받느니보다 행복 하나니라”라는 유치환의 〈행복〉이라는 시를
소리 내어 읊었더니 기분이 금방 좋아졌다. 내 마음의 넓이가 그보
다 넓어서라고 스스로 위로했다.

어려운 순간을 만나 마음속에 아픔이 밀려올 때 나에게 힘을 준
시는 헤르만 헤세의 〈안개 속에서〉라는 시였다. ‘진실로 자기를 모
든 것에서 살며시 물러나게 하는 어둠을 모르는 자는 슬기롭지 못
하다’라는 구절을 소리 내어 읊으며 나에게 지혜를 주기 위해 시련
이 온 거라고 생각했다.

그리고 또 하나 좋은 방법이 수다를 떠는 것이다. 마음이 울적할
때 머릿속 생각에만 빠져 있지 말고 어떤 말을 해도 말이 샐까 염려
되지 않는 사람을 하나 구해 떠들어대는 것도 좋다. 그러면 가슴 속
에 우울함이 쌓일 틈이 없이 풀린다.

슬프고 우울한 생각은 갖고 있을수록 나에게 파괴적이다. 지금부터 진정으로 행복하게 살아보고 싶다면 지난 시간들은 다 잊고 달력에 동그라미를 치자. 오늘부터 새로 시작이라고 마음속으로 외치자. 상암동 하늘공원처럼 내 마음에 있는 온갖 잡다한 낡은 생각들을 콘크리트로 다 포장하고 그 위에 갈대가 하늘거리는 하늘공원을 만드는 거다. 맥아더 장군이 부산 근처에 몰려있는 적군과 아군의 격전지를 무시하고 인천에 상륙해 위로 아래로 공격해 마침내 전쟁을 승리로 이끌어냈듯이 오늘 동그라미를 치고 '내 삶의 인천 상륙 작전 개시일'이라고 써도 좋겠다.

과거는 화려했건 슬펐건 지나간 일이다. 오직 우리에게는 현재와 미래만 있을 뿐이다. 지나간 과거와는 화해하고 모두 용서해라. 우울한 과거를 오래 생각하고 있으면 그 생각이 비슷한 생각을 이끌어내므로 밝은 현재와 미래가 되는 것을 방해한다

내 마음의 하늘공원을 만들고 주의할 일이 있다. 상암동 하늘공원에도 콘크리트 아래 쓰레기가 부패해 나오는 메탄가스가 배출될 통로가 만들어져 있듯이 우리들의 가둬 놓은 문제들이 저들끼리 섞여 독소를 배출해 낼 통로를 만들어 주어야 한다. 그 독소를 배출하는 방법은 나만의 발산형 취미를 만들어 갖는 것이다.

묵묵히 그림을 그리거나 글을 쓰거나 책을 읽거나 음악을 듣는 고상하고 우아하고 조용한 방법 말고 수다 떨고 노래 부르고 시를

읊으며 가슴에 가졌던 감정의 찌꺼기들을 허공에서 완전 연소해 태워버리는 것이 나의 특급 스트레스 제로 비법임을 힘주어 말하고 싶다.

Secret

발산형 취미를 가져라. 수다를 떨든지 글을 쓰든지 노래를 불러라. 그 소리 속에 감정을 넣어 독소랑 같이 배출해 버려라. 오늘 이후엔 내가 원하는 표정과 목소리로 새로운 삶을 만들어가라. 주인 없이 떠도는 행운은 불빛을 찾아 날아드는 벌레처럼 밝은 표정의 사람에게 몰린다.

내 몸의 소리에
귀를 기울여라

2년 전 심한 피부 질환과 갑작스런 비만 문제를 겪고 이겨내는 과정에서 나에겐 일대 변화가 일어났다. 좋아하던 커피믹스, 빵, 흰밥, 돼지불고기, 라면은 내 음식 목록에서 사라지고 현미, 생과일, 생야채 등으로 바뀌었다. 나만의 특별한 과자와 특별한 음료를 먹고 매일 하루 한 시간 이상은 건강 관련 책을 읽으며 건강 공부를 한다.

인생의 후반전에는 누가 진정 정신적·육체적으로 건강한가가 성공과 실패를 가늠한다고 여기므로 나와 내가 사랑하는 사람들이 훗날 힘들지 않도록 미리 도와줄 수 있게 관심을 기울인다. 우리 몸의 많은 장기들은 침묵하고 있다가 돌이킬 수 없는 상황이 되어서야 증상을 나타내 고통과 죽음으로 이끌어 가는 경우가 많다. 그러므로 예방주사를 주듯이 나에게 작은 시련을 주어 늦기 전에 건강에 관심을 갖게 해준 것을 신께 감사한다.

흔히들 건강 체크의 3요소로 '잘 먹고, 잘 자고, 잘 배설한다'를 든다. 정말 옳은 말이다. 정신적으로 건강하여 잘 자고, 올바르게 먹고, 건강하게 배출하는 것이니 건강인의 조건이 아닐 수 없다. 우리 몸은 우리가 먹는 것이 만들므로 무엇을 어떻게 먹느냐는 정말 중요하다. 음식으로 에너지를 얻기도 하지만 과식, 폭식, 편식 등 잘못된 식습관과 당장의 맛만 생각한 육류 위주의 식탁은 우리의 건강을 위협한다.

하지만 영양소의 섭취보다 더 중요한 것은 먹은 음식의 올바른 배출이다. 운동과 소식으로 체내에 지나친 여분의 영양소가 축적되지 않게 조절하면 건강에 큰 문제는 일어나지 않으나 쌓이게 되면 몸속에서 부패가 일어나기도 하고 과량의 지방은 혈관을 막기도 한다. 우리 몸의 독소는 90퍼센트 이상 소변과 대변으로 빠지므로 이에 관해서만 알고 있어도 상당히 건강에 도움을 얻을 수 있다.

내가 공부해 알고 있는 몇 가지만 소개하겠다. 먼저 수용성 독소의 배출을 위해서는 물을 많이 마셔야 한다. 하루 필요한 물의 양은 키와 몸무게를 합해 100으로 나눈 수만큼의 리터다. 가령 키 160센티미터에 몸무게 55킬로인 사람의 경우는 2.15리터가 정량인 셈이다. 물을 마시되 항산화성분이 있는 약초가 들어간 물을 마시는 것이 훨씬 좋다. 모링가나 어성초, 루이보스, 마테, 녹차 등을 잘 발효한 차를 마시면 신장의 사구체를 깨끗이 씻어주어 피를 맑게 해주는 역할까지 해준다.

아이들이 마시는 음료도 주의 깊게 살펴볼 필요가 있다. 실제로

청량음료 속엔 인공감미료와 탄산, 카페인, 고농도 당분 등이 들어 있어 한창 자라는 아이들에게 좋지 않은 영향을 줄 수 있으므로 피하는 것이 좋다. 우리 몸 독소의 최대량은 대변에 섞여 배출된다. 그러므로 대장 관리를 잘하는 것은 무엇보다 중요하다.

대장은 우리들이 먹는 음식의 최종 찌꺼기를 저장하고 있는 곳이므로 온갖 유해균의 온상이다. 대장 속에는 각각 10퍼센트씩의 유익균과 유해균이 있고 나머지 80퍼센트는 기회균이다. 기회균은 장 속에 유해균이 많아지면 유해균으로 바뀌고, 유익균이 많으면 유익균이 되므로 몸속에 유해균을 배출하고 유익균이 자랄 수 있는 환경을 만들어주어야 한다.

그러기 위해선 유익균의 먹이가 되고 몸속 콜레스테롤을 흡착해 배출할 수 있는 섬유질이 있는 거친 야채를 먹는 것이 좋다. 과일을 먹을 때도 껍질째 잘 씻어서 먹고 육류의 섭취는 줄이는 것이 좋다. 또한 변비는 장 부패의 최고 조력자이니 변비가 되지 않도록 섬유소가 많은 음식과 충분한 물을 먹는 것이 중요하다.

우리 몸에서 유해균이 가장 많이 몰려있는 곳이 직장이다. 변비가 되면 몸속의 파수꾼인 백혈구가 유해균이 득실거리는 직장 쪽으로 몰려들어 몸 전체의 면역력이 급격히 떨어진다. 장에서 생긴 유독가스가 간을 공격하고 혈관으로 퍼져 두통과 함께 혈액이 부패하게 된다.

최근에 안타깝게 우리들 곁을 떠난 웃음전도사 고 황수관 박사의 사망 원인도 급성 패혈증이었는데 체내 염증 정도를 나타내는 백혈구 수치가 혈액 1밀리리터당 5만 개였다. 이는 정상인의 백혈구 수치인 5천~만 개의 5배가 넘는 수치였다. 그분의 사망 소식은 나에게 너무나 충격이었다.

고 최윤희 강사와는 2009년 봄에 같이 강의했고 그해 가을 황수관 박사님과도 ○○일보 주최 강의장에서 함께 강의했는데 최윤희 강사의 사망 충격이 채 가시기도 전에 황 박사님도 돌아가셨으니 나에겐 적잖은 충격이었다. 그 무렵 나는 건강 공부에 푹 빠져 있었는데 온 국민에게 웃음과 행복을 전하기 위해 자신의 몸은 돌보지 못하고 무리를 하시다가 면역력이 떨어져 혈관을 부패시킨 세균들에게 지고 세상을 떠나셨음이 느껴져 너무나 안타깝게 생각되었다.

그리고 희미하게 내가 앞으로 해야 할 일이 무엇인지 알 것 같았다. 앞으로 부모 교육 강사에서 영역을 확대해 진정한 건강과 행복을 연구하고 전하는 일을 하겠다고 결심했다. 정신적 스트레스를 없애는 방법을 알리고 우리 몸속의 나쁜 균들을 없애는 건강 전도사로서 두 분이 못다 한 행복과 웃음 건강을 전하겠다고 결심했다.

우리 몸은 충분히 쉴 수 있는 시간을 주어야 한다. 달콤한 혀의 유혹에 못 이겨 지나치게 음식을 넣어 소화기관을 힘들게 하지 말고 때로는 신체의 장기를 쉬게도 해주어야 한다. 정신의 휴식도 마찬가지다. 몸이 힘들면 모든 스케줄을 미루고 잠을 자든지 휴식을 취해야 한다.

정신과 육체는 모두 내 몸이지만 둘은 주종 관계다. 정신은 생각하고 결정하여 육체에게 명령하며, 육체는 정신이 명령하는 대로 움직인다. 그러나 이들의 관계에서 주인은 절대적 우위에서 군림할 수가 없다. 주인이 사용자를 잘못 대우하면 사용자는 반드시 주인에게 그 대가를 지불하게 하는 하극상의 관계가 되어버린다.

육체를 쉬게 해주지 않고, 육체에게 좋지 않은 것을 먹이고, 혹독하게 함부로 다루면 몸은 이상을 일으켜 주인에게 병으로 복수하기 때문이다. 그러므로 내 몸이 나에게 하는 소리를 듣고 그 소리에 반응해 주해야 한다. 가끔은 이런 이론을 알고 있으면서도 일 욕심을 떨치지 못하는 가엾은 주인을 만나 쉬지도 못하고 바쁘게 움직이는 몸이 가엾다 여겨질 때도 있다.

그럴 때는 육체에게 다정하게 속삭여본다. "오늘은 시간 내어 너에게 휴식을 줄게. 늦게까지 푹 자라. 사우나도 가고 손톱 정리도 하고 마사지도 받게 해줄게. 지난 한 주 수고했다, 나의 육체야"

Secret

눈에 띄는 병명이 없다고 건강을 과신해서는 안된다. 내가 가진 습관, 내가 먹는 음식을 체크해보는 것은 중요하다. 몸은 끝없이 나에게 말을 한다. 내 몸의 소리에 귀를 기울여라. 그렇지 않으면 몸은 나에게 병으로 복수한다.

완벽한 여자 컴플렉스에서 벗어나라

무엇이든 완벽해야 되는 사람들이 있다. 직장 일도 잘해야 하고 집안일도 대충하지 못해 늘 바쁜 이들, 대부분 그런 사람들은 무엇이나 잘해낸다고 여기저기서 칭찬받는다. 그 칭찬은 그를 더욱 완벽형 인간으로 몰고 가며 자신도 모르게 스스로의 몸을 혹사하게 만든다.

대개 이런 유형의 사람들은 일들을 나누어 주지 못하고 혼자 다 한다. 다른 사람들에게 맡기는 걸 불안해하고 내가 해야 잘할 수 있다고 여기며 자신의 몸이 아무리 힘들어도 스스로 모든 일들을 하려 한다. 이른바 완벽형 인간 유형이다.

그러나 이 세상에 무엇이든 다 잘해낼 수 있는 사람이란 없다. 누구에게나 시간은 공평하게 주어지기 때문이다. 설령 업무를 처리하는 능력에 있어 다른 사람보다 탁월하여 그렇게 보일 수는 있지만 그가 완벽한 일의 결과를 만들기 위해 쏟아 부은 물리적 시간은 그의 쉬는 시간을 빼앗아 얻게 된 결과일 수밖에 없다.

결국 부족해진 휴식 시간으로 인해 그의 몸에는 피로가 쌓이게 되고 정도가 심해지면 몸은 문제를 일으키게 된다. 그러므로 무엇이든 내가 아니면 안 된다는 생각, 무엇이든 완벽하게 해내겠다는 생각은 버리는 게 좋다. 인간은 신이 아니므로 모든 것을 완벽하게 해 낼 수 있는 체력과 에너지를 결코 가질 수가 없다.

나는 다행히 많은 능력을 갖고 있지도 않지만 나 자신이 모든 것을 다 잘해낼 수 있을 거라 욕심 부리지도 않았다. 나는 일을 가진 주부였고 대가족의 맏며느리였다. 아이들의 공부도 내가 돌봐주어야 했으므로 나에게 절대적으로 부족한 시간과 내 체력 부족을 알고 있었기에 내 식의 지혜가 필요했다.

우선 내가 아니면 안 되는 중요한 일에 시간을 투자할 수 있게 나 아니어도 할 수 있는 부분에서 시간을 벌려고 노력했다. 부모님께 도움도 요청했고 몸이 많이 힘들 때에는 눈치 보지 않고 부모님께 말씀드리고 쉬었다가 밀린 일들을 하곤 했다. 나는 부모님께 살림 잘하는 알뜰한 며느리라고 칭찬받아본 적이 없다. 실제로 늘 덜렁거리고 설거지 할 때 소리도 잘 내는 엉터리 며느리였다.

그런데 칭찬받는 며느리보다 가끔 덜렁대다 야단도 맞는 며느리가 편할 때가 많다. 칭찬이라는 게 매사 조심하게 만들어 당사자를 참 힘들게 하는 묘한 구속일 때가 있다. 그렇다고 일부러 덜렁이인 척 한 건 절대 아니며 나름 노력은 했다. 그러나 조심하려고 노력해도 급한 성격 탓에 실수를 하기 일쑤였고, 그럴 때마다 부모님은 크게 기대를 안하셔서인지 다음부턴 잘하라고 눈감아 주시며 내가 잘못하는 일들은 당신들이 기꺼이 도와주려 하셨다.

가정 내의 모든 문제를 나 혼자 다 해내는 것이 가족들을 위하는 것만은 아니다. 다른 가족들에게도 잘하는 무엇이 있다고 느끼게 해주고 그들이 가족을 위해 뭔가를 도와준다고 생각하게 하는 것, 그래서 서로서로 주고받으며 단단하게 맞물려 돌아가는 톱니바퀴 같은 관계가 아름다운 관계라고 나는 생각한다.

그러면서 나에게 남겨진 시간과 에너지를 재충전하는 데에 쓰면 내 사랑하는 사람들에게 부어줄 에너지를 다시 얻게 되니 결국 이것은 나에 대한 이기적인 사랑만이 아닌 가족 모두에 대한 사랑인 것이다.

Secret

지나치게 잘하려고 나를 구속하지 마라. 칭찬이 고래를 춤추게 하지만 고래는 춤추다 몸살이 나 병들 수도 있다. 누군가가 잘한다고 칭찬하더라도 내가 감당해 낼 수 있는 정도만 받아들여라. 때로는 빈틈을 보이고 그 빈틈으로 타인이 들어와 메워주도록 허락도 해라. 특별한 체력을 가진 사람은 없으니 적당히 허점도 보이고, 타인에게 기회도 주고, 어울려 얼렁뚱땅 살 줄도 알기! 행복지킴이가 되려면 꼭 필요한 성격이다.

행복한 가족을 원한다면
소통의 장을 마련하라

대형 사무실용 건물의 관리자가 그 건물의 엘리베이터 사용자들로부터 많은 불평을 들었다. 그 문제를 해결하고자 엘리베이터 기술자들을 불러 해결책을 물었더니 다음과 같은 두 가지 해결책을 제시한다. 엘리베이터 증설과 고속 엘리베이터로 교체. 둘 다 비용이 만만치 않아 관리자는 심리학자에게 이 문제를 논의한다. 심리학자는 상황을 유심히 관찰한 결과 다음과 같은 해결책을 제시한다.

- 엘리베이터 사용자들의 불만은 엘리베이터를 기다리는 동안 할 일이 없어 지루하게 느끼는 것임.
- 입구 엘리베이터 근처에 거울 하나만 달아놓으면 됨.

재미있는 건 심리학자의 해결 방안대로 거울 하나를 입구에 설치한 후부터 모든 불만이 사라졌다는 것이다. 가끔 내 머릿속에 떠오르는 글이다. 어떤 문제를 해결할 때 정면에서 기술적인 부분으로만 해결하려고 하는 것보다 우회적으로 부드럽게 해결할 수 있는 방법이 많다는 걸 생각하게 해준다.

딸이 대학생이 되었을 때 나는 심한 심리적 이유기를 겪었다. 늘 가장 가까이에서 동생처럼 친구처럼 호흡하던 딸을 나에게서 분리해내는 아픔이 너무 컸다. 고등학생일 때까지는 무엇이든 나와 이야기를 나눠, 그 아이의 모든 것을 다 알고 있었는데 점점 모르는 것들이 생겨나게 되자 나도 모르게 마음속이 허전해지고 아팠다.

누구에게도 말 못하고 나는 도종환 시인의 〈스승의 기도〉라는 싯구절을 하루에도 몇 번이나 암송했다 "……날려보내기 위해 새들을 기릅니다 …… 힘차게 나는 날갯짓을 가르치고 세상을 올곧게 보는 눈을 갖게 하고 이윽고 그들이 하늘 너머 날아가고 난 뒤 오래도록 비어 있는 풍경을 바라보다 그 풍경을 지우고 다시 채우는 일로 평생을 살고 싶습니다"

힘차게 날갯짓 하며 자기의 세상으로 비상하는 딸을 보며 허전하다 느낀 내가 지금 생각하면 한없이 부끄러워진다. 마마보이, 캥거루족이라는 신조어도 나오며 부모에게 지나치게 의존적인 아이들이 문제라는데 자기가 헤쳐갈 세상으로 당당하게 나가는 아이를 보며 그런 말도 안 되는 감정을 느낀다는 것이 얼마나 한심스러운가?

가장 내가 마음이 아팠던 것은 나는 딸과 하루도 떨어져서 살고 싶지 않은데 아이는 이런저런 현실적 이유를 들먹이며 학교 앞에서 하숙을 하거나 자취를 원한다는 점이었다. 서울에서 남양주로 이사를 오고부터 도서관에서 늦게까지 공부를 하다보면 차 시간을 놓칠 때가 많고 오가는 시간이 아깝다는 것이었다. 나라면 아무리 멀리서 차를 갈아타고 다녀도 우리 엄마 옆에서 다니겠다고 말할 텐데 현실적이고 합리적인 이유를 들먹이며 학교 앞을 고집하는 아이가 서운했다. 엄마의 바람을 알고 딸은 집으로 짐을 싸들고 들어오기도 했지만 두어 달을 못 넘기도 다시 학교 앞에 하숙집을 구해 나갔다. 오가는 시간도 아까워하며 무엇이든 열심히 배우고 공부하는 딸이 한편으론 기특하다 생각했다.

졸업을 하고 딸이 취직을 하자 나는 바로 집으로 들어올 줄 알았다, 그러나 업무도 익혀야 하고 출퇴근 시간도 많이 걸린다며 당분간 살던 하숙집에서 살겠다고 하여 내색은 안했지만 속이 많이 상했다. 가족은 서로 얼굴을 보며 매일 부대껴야 한다는 것이 내 생각인데 아들은 군대에 가고 딸은 하숙을 하니 너무 허전했다.

얼마 전 친구들과 소셜 미디어 공동 채팅방에서 이야기를 나누다가 아이디어 하나를 냈다. 가족 채팅방을 만들어 공동 대화의 공간을 만든 것이다. 얼굴로 대하는 것 못지않게 함께 따뜻한 방안에 모여 있는 느낌이 들어 참 좋았다. 권위적이라 느낀 아빠와 가족 모두 수평의 위치에서 이야기를 주고받으니 예전보다 훨씬 가까워진 느낌이 들어 좋았다.

아이들의 센스 있는 이모티콘를 보며 남편은 재미있어 했고 나도 친구들이 보내준 사진이나 동영상도 올려주었다. 맛있는 걸 먹을 때에는 자랑도 하고 가끔 티 나지 않게 가족을 결속할 만한 좋은 말들도 적어주곤 했다. 가족 공동 채팅방이 생기면서 가족들은 급속히 가까워졌다.

업무도 어느 정도 익숙해져 여유가 생긴 때문도 있겠지만 딸은 며칠 전 드디어 짐을 챙겨 집으로 들어왔다. 때마침 아들도 군 복무를 마치고 제대를 하게 되어 드디어 내 소원대로 온 가족이 한 집에서 살 수 있게 되었다. 초긍정의 기운은 떠도는 행운을 불러들인다는 말은 정말 예외가 없다. 딸이 집으로 들어오는 날 출퇴근하는 길을 빠르고 편하게 만들어주는 직통버스도 생겼다.

딸은 엄마랑 살게 되어 정말 좋고 퇴근하고 집 쪽으로 오면 온 몸이 맑아지는 기분을 느낀다며 집으로 오길 참 잘했다고 한다. 오가는 시간, 차 갈아타는 방법, 아이가 차를 몰고 다니게 하는 방안 등을 따지며 아이를 불러올 것만 계산했었는데 실제로 아이를 불러들인 건 따뜻함이 있는 소통의 공간이 아니었나 하는 생각이 든다.

계산적이고 현실적인 물리적 해결 방법보다 따뜻한 곳, 그리운 사람들이 있는 곳에 의미를 두어 다른 불편은 아무렇지도 않게 감내할 수 있게 하는 심리적 해결 방법이 더 효과가 있는 경우도 많다. 어쨌든 사랑하는 딸을 아침, 저녁으로 매일 볼 수 있게 된 것은 이 가을 나에게 온 가장 고마운 선물이다.

가족만큼 소중한 사람은 세상에 없으며 가족이 뭉치면 그 어떤 일이라도 다 해낼 수 있다는 것이 내 생각이다. 그러나 각자의 생활로 바쁘다보면 함께할 수 없는 경우도 많다. 언제 어디에 있든 함께할 수 있는 움직이는 공간 모바일 베이스 캠프를 만들어 "언제 어디서나 밤낮 같이 있다고 느끼게 하기"는 생각보다 큰 가족 소통의 창구가 되어줄 수 있다.

Secret

가족과 늘 마음으로 함께 있는 움직이는 공간을 마련해 마음을 나누자. 가족은 나를 지켜주는 가장 든든한 울타리이며, 가정은 내 행복의 베이스캠프다.

내가 가는 곳은 어디나 견학장, 운동장, 카페라 생각하라

아이들을 셋 키우며 직장 생활을 하며 부모님을 모시고 살았다고 하면 모두 나보고 수퍼우먼이라고 말한다. 생각해보면 특별한 능력이 하나 있긴 하다. 내가 어디에 있건 나에게 유리한 순간으로 잘 활용해 시간을 허투루 쓰는 법이 없다는 점이다. 아이들 어렸을 때 피서를 갈 때도 차 안에서 게임도 하고 노래도 불렀다. 차 안을 즐거운 게임장이나 놀이터로 만들었으니 아무리 차가 막혀도 짜증 나는 일이 없었다.

가령 물건을 나를 때도 아주 조금씩 자주 움직인다. 한꺼번에 많은 양을 옮기는 것은 몸을 힘들게 하는 것이니 노동이 되지만 날라야 하는 물건을 아령이라 생각하고 지금 운동을 하고 있다고 세뇌한다. 걸레질을 할 때도 배 동작을 일부러 크게 한다. 나는 배 운동을 하고 있는데 덤으로 방까지 깨끗해진다고 생각한다. 약속 시간에 친구가 조금 늦는다고 해도 별로 화가 나지 않는다. 가방에는 언제나 읽을 책이 들어있으니 책을 꺼내 읽고 있으면 된다. 늦게 도착한 친구는 미안하다며 커피 값을 내겠다고 말해주니 좋고, 훗날 내가 시간 약속을 어겼을 때 이해해줄 빚 하나를 안겨주니 신난다.

제주도에서 강의를 해달라고 전화가 와서 "너무 멀어서요, 오실 수 있겠어요?" 한다. 돈 벌기가 얼마나 힘든 세상인데 비행기표까지 사주며 강의해 달라고 말하면서 미안해하다니 내가 고마워할 일이지 하는 생각에서 웃으며 말했다. "멀긴요. 전라도나 경상도로 기차 타고 가는 것보다 훨씬 가깝죠. 비행기 타면 50분밖에 안 걸리는데요, 뭐" 옆에서 남편이 "그렇죠. 너무 멀어서 갈 수 있으려나. 강의비 두 배로 주셔야 갑니다"라고 말 안했다고 싸구려 강사 티 좀 내지 말라고 말했지만 난 나를 불러주는 것이 그저 감사하다. 제주도로 강의를 갈 때도 강의하러 간다고 생각 안한다. 놀러가는 김에 강의도 해주고 온다고 생각하고 오전 강의 후 오후 관광 스케줄을 잡고 늦은 저녁 비행기로 돌아온다. 어느 날은 엄마랑 같이 가서 일박하고 관광하고 돌아오기도 했다.

혼자 기차나 버스를 타고 너덧 시간 걸려 지방을 갈 때도 마찬가지다. 스마트폰에 저장해놓은 내가 좋아하는 노래들을 이어폰으로 들으며 친구들 채팅방에 들어가 수다를 떨면 이곳은 딱 카페. 가방엔 내가 좋아하는 차까지 준비해 놓았으니 음악, 친구, 차 등 카페가 갖출 모든 요소를 완벽히 갖고 있는 셈이다.

4시간 버스를 타고 음악을 들으며 즐겁게 시간을 보냈는데 어느 새 기사님이 목적지에 다 왔다고 한 적도 있다. 남편은 주차할 때 최대한 집 앞에 대려고 하지만 나는 최대한 멀리 대려고 한다. 조금이라도 걸으려는 의도다. 자동차 몰고 다니는 것도 최대한 자제한다. 손가락과 시선이 자유로운 것이 얼마나 고마운 건지 운전하는 사람들은 알 것이다. 버스나 전철을 카페삼아 책을 읽거나 음악을 듣거나 메시지로 안부 인사 주고받으니 조금도 시간 낭비가 아니다.

걸어갈 때도 아랫배에 최대한 힘을 주고 워킹 운동 한다 생각하며 걸으려 노력한다. 엘리베이터를 기다리거나 엘리베이터를 탈 때 아무도 없으면 허리 운동을 한다고 허리를 빙글빙글 돌린다. 혹시 아파트 경비 아저씨가 CC TV로 볼지 모르니까 좀 예쁜 동작으로.

지하철을 기다릴 때면 벽에 붙어있는 시를 읽는다. 어떤 시들은 마음에 와닿아 사진을 찍어 친구에게 보내기도 하고 수첩에 베껴두기도 한다. 삶은 순간을 음미하는 행복한 여행이라고 했다. 목적지에 가기 위한 죽은 시간이 아닌 내가 지금 있는 시간과 공간도 나를 위한 행복한 순간으로 만들어가는 지혜가 우리를 행복하게 한다.

Secret

미래를 위해 현재를 반납하는 것처럼 어리석은 것은 없다. 살아있음은 매 순간이 축복이며, 내가 가는 곳은 어디나 즐거운 놀이터다. 지금 내가 있는 곳을 나를 위한 공간으로 생각하고 활용한다.

부정의 감정은
선제공격으로 물리쳐라

즐거운 일이 있어서 웃는 게 아니라 웃으면 즐거운 일이 생긴다는 말은 맞는 말이다. 즐거운 일이 없다고 우울한 표정을 짓고 있으면 우울한 생각은 계속 우울한 생각을 끌어들여 나를 더 우울하게 한다. 그 원리를 알고 있는 나는 늘 밝은 표정을 지으려 노력하고, 명랑한 목소리를 가지려고 애쓴다. 그러다 보면 그런 표정과 목소리에 어울리는 현상들이 나를 따르는 것을 느낀다.

내가 좋아하는 내 아버님도 그렇다. 아버님과 나는 참 여러 가지로 닮았다. 모습이나 식성뿐 아니라 생각하는 구조도 같다. 무엇이든 좋게 받아들이고 좋게 생각한다. 그중 가장 큰 공통점은 남이 나에게 뭔가를 해주든 말든 내가 해야 할 일이라 생각하면 베푸는 점이다.

남편보다 생일이 4일이 빠른 나는 그로부터 마음에서 우러나는 선물을 단 한 번도 받아본 적이 없지만 나는 해마다 그의 생일날 선물을 챙겨주었다. 그래야 내 마음이 편할 것 같아서였다. 아버님은 얼마 전 봉투 세 개에 각각 현금 백만 원씩을 넣어주시면서 말씀하셨다. "아이들 결혼 축의금이다. 내가 살아있으면 좋겠지만 내가 언제까지 살지 모르니까 혹시 내가 죽으면 할아버지가 주는 축하금이라고 전해주고 행복하게 살기를 바란다고 말해라"라고 하셔서 눈시울이 붉어졌다.

용돈도 넉넉하게 드리지 않는데 아버님이 필요한 곳에 쓰시라고 만류했지만 아버님은 그래야 마음이 편하다고 하시면서 봉투를 다시 내미는 내 손을 뿌리치셨다. 혜민스님의 글에서 다른 사람을 위한다면서 하는 모든 행위는 사실은 자기를 위해서라는 말을 기억해내고, 그래야 아버님이 마음 편하시겠다 생각하며 아버님의 뜻을 따랐다.

하지만 받을 생각을 하지 않고 주어도 내 남편 같은 특별한 사람 몇몇을 제외하고는 대부분 받으면 다음 순서로 주게 되므로, 먼저 주는 행위는 바로 나에게 기쁨으로 다가온다.

핸드폰을 열어 보았을 때 나를 기억해 안부를 묻는 메시지가 하나도 없어 허전하다 느끼면 외롭다고 느끼지 않고 먼저 메시지를 전한다. '인간은 누구나 외로운 존재, 고독한 존재, 친구들아 내가 먼저 행복 메세지로 다가간다! 기다려라 얍!' 무장하고 톡톡톡 안부 메시지를 적는다.

"안녕! 잘 지내니? 아침, 저녁으로 날씨 차다. 환절기 감기 조심해라~" 귀여운 이모티콘까지 첨부해 공동 메시지로 주소 30개씩 찍어 보내면 조금 있다 우루루 쏟아지는 답 메시지를 받을 수 있다. 한참 주고받고 나면 기분이 금방 좋아진다. 나에게 스며들 것 같은 우울한 감정 따위는 낌새가 보였다 하면 당장 이렇게 선제공격하여 즐거워져 버리는 걸로 금방 날려버릴 수 있다.

귀공이를 유치원 다닐 때까지 길러주시고 부모님은 두 분만 시골에서 농사를 짓고 싶다고 내려가셨다. 다행히 아파트를 얻어서 사시는 것은 크게 불편하지 않아 보였다. 그래도 아는 사람 하나 없는 낯선 곳이라 염려가 되어 아버님께 걱정스럽게 여쭈었더니 아버님은 큰 소리로 웃으시며 말씀하셨다.

"하하. 아가 아무 걱정 마라. 내가 여기서 무척 인기가 있다. 내가 있지, 별명이 하나 생겼는데 뭐냐 하면 바로 사탕 할아버지다. 처음에 이곳으로 와서 사람들을 사귀어야 해서 사탕을 큰 됫박으로 두 되를 사서 주머니에 넣고 다니면서 만나는 사람마다 사탕을 나눠주면서 이사 왔다고 인사를 했지.

그랬더니 사람들이 호박이며 감자며 먹을 걸 줄 지어서 갖다주는 거야. 하하, 관리실 아저씨하고도 친하고 노인정 사람들, 성당 사람들 모르는 사람이 없다. 걱정마라"

역시 내가 존경하는 아버님이시다. 먼저 베풀어버리는 공격적 감정 조절법을 쓰시는 내 아버님은 절대 아버님의 진영으로 슬픔과 우울함이나 고독과 같은 녀석은 넘어오지 않게 하시는 지혜로운 승리자이시다.

Secret

공격은 최상의 수비라는 말이 있다. 내 진영을 지키는 가장 쉬운 방법은 오는 공을 막는 방법을 연구하는 것이 아니라 아예 공이 내 진영으로 오지 못하게 공격형 자세를 취하는 것이다. 하프라인 저 너머에서 공이 놀게 하는 것이다. 감정도 마찬가지다. 우울한 기분은 내 영역 멀리서 혼자 떠돌다 사라지게 하라. 내 쪽으로 오고 있다 싶으면 하프라인을 넘어오지 않게 발로 뻥 차버려라.

내 곁에 있는
수호천사들을 지켜라

조금 전 지인이 메시지 하나를 보내왔다. 부천에서 슈퍼를 하는 언니뻘 되는 분인데 알게 된 지 일 년 정도 되었다. 처음 지인의 소개로 그 분을 보았을 때부터 언니처럼 다정한 느낌이더니 예상대로였다. 늘 좋은 글이 있으면 보내주고 내 근황을 물어주며 애정 어린 관심을 가져주신다.

언니가 보내준 글을 읽는데 미소가 지어진다. 내가 쓰는 책의 콘셉트와 같은 〈축복 속에 사는 20가지 방법〉이라는 제목의 짤막한 글이었다. 그 글을 읽는데 내 책에 담고 있는 '스트레스 없이 사는 법'에 대한 내 생각과 꼭 일치하여 나의 생각들이 객관성이 있구나 하는 안도의 마음과 함께 흐뭇한 마음도 들었다.

20가지 중 두 번째 말이 "부모에게 효도하라. 부모는 살아있건 아니건 최고의 수호신이다"여서 나는 깜짝 놀랐다. 내가 적으려는 소제목과 일치했기 때문이었다. 그리고 그 항목이 20개의 글 중 2번째였다는 것도 놀라웠다. 이 글을 보며 나는 겉으로 보기에는 무척 효녀인 듯 엄마방 벽에 붙여주며 강조했던 '코스모스 축제 50번 보고 하늘나라 가기' 프로젝트가 실상은 엄마를 위해서가 아니라 내가 가장 든든한 수호천사를 잃지 않으려 하는 이기적인 발상이었음을 깨닫게 되었다.

몇 해 전 내 외부활동이 많아져 집을 자주 비우게 되자 동생과 사시는 엄마에게 몇 년만 도와 달라고 도움을 요청했다. 76세의 연세에도 건강하신 엄마는 세상에서 당신의 딸이 최고라고 믿고 계시는 전형적인 고슴도치형 엄마다. "그래. 집에 있긴 아까운 우리 딸. 아직 젊으니 네가 하고 싶은 거 얼마든지 해봐라. 엄마가 도와줄게. 세상에서 훨훨 날아보아라" 하시며 기꺼이 도와주러 오셨다.

지난 해 가을 엄마와 우리 집에서 가까운 구리의 코스모스 축제에 참가하였는데 무척 좋아하셨다. 나는 엄마에게 이 축제를 해마다 나하고 50번 참석하고 하늘나라로 가시라고 했다. 말도 안 된다시며 나에게 강제로 손가락 걸고 도장 찍기를 당하며 엄마는 입을 삐죽 내미셨지만 나는 엄마의 행복한 미소를 놓치지 않고 보았다.

엄마가 사랑하는 아들, 딸, 손자, 손녀들과 50년을 더 살아도 된다는 상상에 행복하셨으리라. 자신이 한 말에 대해 책임감이 강한 엄마는 나와의 약속을 지키기 위해 일 년 간 여느 해보다 열심히 노력하셨다. 매일 신문을 읽고 아침저녁으로 운동을 하시고 내가 챙겨드리는 영양제도 잘 드셨다. 지난 개천절날 올해의 축제가 시작된다는 것도 엄마가 먼저 알아내셨다. 김밥을 싸고 맛있는 과일을 챙겨 우리 가족은 하루를 꽃 축제장에서 즐기고 돌아왔다.

돌아오면서 지난해는 워밍업이고 올해부터 카운트를 시작한다고 했더니 엄마는 말도 안 된다시면서도 일 년을 더 살게 되셨다고 좋아하시는 것 같았다. 눈치도 없는 남편은 운전을 하며 "앞으로 50년이면 장모님이 저보다 더 오래 살겠는데요" 한다. 센스 있는 아내인 나는 "당신은 80번이죠" 해줬더니 "끔찍한 소리 마라. 나도 장모님 갈 때 같이 갈란다" 해서 우리는 같이 깔깔거리며 웃었다.

엄마보다 결코 덜하지 않은 나의 수호천사는 남편이다. 건강했던 사람이 배우자가 죽고 나자 금방 따라 죽었다는 말을 주변에서 자주 듣는데 그건 곁에서 지켜주는 수호천사가 없어졌기 때문이다. 조연은 없고 주인공만 있는 연극은 완성도가 떨어질 수밖에 없다. 그러므로 건강하고 행복한 세상을 살아가기 위해서는 나를 진심으로 사랑하고 아껴주는 사람들이 오래도록 내 곁에 있게 노력하는 것이 중요하다.

내 삶을 드라마틱한 대하드라마로 만들어 가고 싶은 사람이라면 조연의 수를 늘리는 것도 중요하다. 단막극에는 등장인물이 적지만 대하드라마가 되려면 더 많은 수의 조연들이 필요하다. 이 경우 가족 다음으로 나를 도와주고 챙겨주는 수호천사의 역할을 할 수 있는 사람이 바로 형제들이다.

남편과 나는 둘다 2남 1녀의 가족 구성이어서 형제가 많지 않다. 손위 시누이 부부, 시동생 부부 그리고 내 두 남동생 부부는 어떤 사람들보다 내가 잘되기를 기도하는 든든한 수호천사이므로 그들이 건강하고 행복하기를 나는 항상 바란다. 그밖에도 동기들, 친구들, 선후배님들 모두 내가 잘못된 길로 들어갈 때는 따끔한 정문일침을 놓아주고 내가 힘들 때는 격려와 용기를 주는 고마운 조연들이다.

내가 나의 무대에서 빛나는 역할을 해내기 위해서는 나의 수호천사인 그들의 도움이 필요하므로 그들은 반드시 건강하고 행복해야 한다. 하지만 언제나 우리들 각자는 자기 삶의 주인공인 법, 내 입장에서나 내가 주인공일 뿐 다른 사람에게 나는 그의 조연이다. 그걸 알기에 나는 소중한 가족과 친구와 지인의 빛나는 조연이 기꺼이 되어주려 노력한다. 내가 지금보다 더 멋진 사람이 되어 나를 조연으로 갖고 있어 든든할 수 있게 내 소중한 사람을 지켜주는 능력 있는 수호천사가 되고 싶다.

Secret

세상이라는 무대에서 주인공은 우리들 자신이지만 조역이 없는 영화나 연극은 없듯이 내 곁에서 나를 도와주는 사람은 반드시 함께 있어야 작품의 완성도가 높아진다. 내가 인생의 주인공으로서 잘 역할 할 수 있게 도와주는 사람들을 오래도록 내 곁에 두는 방법을 연구해 나의 인생 무대에 함께 있게 하라. 가끔 주인공인 나보다 더 나를 사랑하는 사람들도 많다는 것을 깨닫고 새삼 놀라게 될 것이다.

가족이 함께 꿈 꾸어라

"당신이 배 한 척을 지으려 한다면 나무를 가져오게 하거나 작업을 분배하기 위해 사람을 불러 모으지 말고 그들에게 끝없는 바다 세계에 대한 동경을 가르쳐라. 그러면 그들 스스로 배를 지을 것이다" 작가 생텍쥐 베리의 말이다. 이 말을 들을 때면 여고 1학년의 소녀가 생각난다.

고려대학교를 나온 담임선생님의 영향으로 나는 고려대학교를 알게 되었고 선생님을 통해 듣게 된 그 학교의 모든 것이 마음에 들어 내 목표가 되었다. 그러나 시골 학교에서는 가기 어렵다고 선생님이 말씀하시길래 선생님께 부탁해 고려대학교 교문 사진을 구해 책상 앞에 붙여놓고 공부했다. 공부를 하다 지치고 힘든 순간이 있으면 나는 교문을 바라보며 어깨에 가방을 메고 책을 옆에 끼고 교문 안으로 들어가는 여대생이 되어있는 내 모습을 상상했다.

3년 후 나는 고려대학교의 학생이 되었다. 지금부터 20년도 더 된 오래 전 나는 낮에는 아동도서 상담일을, 밤에는 중·고등학생들을 가르치는 사교육 현장에서 일을 했다. 기초 학습을 놓친 아이들을 가르치는 것이 쉽지 않다는 것을 알고 나는 어린 자녀를 둔 엄마들에게 바른 교육법을 강의하는 강사가 되고 싶다는 꿈을 가졌다. 내 수첩 곳곳에 '자녀 교육 강사'라고 적어 두었는데, 20년의 시간이 흘러 내 꿈은 현실이 되었다.

태몽을 부모 아닌 다른 사람이 대신 꾸어줄 수 있듯이 가족들이 자녀의 꿈을 응원해줄 수도 있다. 모범생인 누나와 달리 공부하는 걸 별로 좋아하지 않았고 잘하지도 않았던 아들에게 지어준 재미있는 별명이 있다. 당장은 엄마 마음에 썩 드는 아들이 아니지만 언젠가는 엄마의 뜻대로 스스로 알아서 잘 할 거라 믿는다며 '역전'이라는 별명을 지어주고 가족들에게 앞으로 그렇게 부르라고 했다.

가족들은 아들이 역전하기를 바라는 마음으로 "헤이~ 역전아~" 하고 불러주었다. 아들이 안 듣게 남편은 살짝 내 귀에 "이름 한 번 잘 지었다, 저렇게 공부하다간 역 앞에서 자리 깔기 딱 맞으니까" 하고 말해 내 눈총을 받았지만 남편도 그렇게 아들을 불렀다. 가족들의 바람을 읽었는지 "엄마는 언제나 너를 믿는다"라고 한 엄마의 마음을 이해했는지 결국은 뒤늦게 철이 들어 정말로 역전을 해서 아들도 엄마의 모교인 고려대학교에 입학하여 내 후배가 되었다.

딸이 졸업반이 되어 한창 취직 시험 공부를 할 때였다. 현관의 비밀번호를 딸의 주민번호로 바꾼 남편이 가족들에게 앞으로 문을 열고 들어오면서 딸이 원하는 직장에 꼭 합격하기를 바라는 마음을 가져달라고 말했다. 우리 가족의 바람이 전해졌는지 딸은 졸업하기도 전에 좋은 직장에 잘 취직하였다. 내가 새 책을 쓰기 시작하자 그는 다시 비밀번호를 바꾸었다. 이번엔 내 주민번호였다. 그러고는 "엄마가 책을 쓰겠다고 하니 이번엔 제대로 한 번 써보게 응원해 줍시다. 가족 여러분~, 엄마 생일로 비밀번호 바꿉니다" 해서 우리는 또 한동안 현관문을 열 때 바뀐 숫자로 헤매야 했었다.

간절히 그리며 꾸는 꿈, 특히 가족이 함께 꿈꾸면 반드시 이뤄진다는 것을 알고 있기에 내가 쓰는 이 책이 세상 사람들에게 사랑받는 책이 되어줄 것이라 믿는다. 많은 사람들을 스트레스 제로로 만들어주는 '행복 시크릿'을 선물할 거라 확신한다.

Secret

마음에 간절히 소망하는 것이 있다면 적고 바라보고 이루어져 있는 모습을 상상하라. 가족과 함께면 끌어들이는 힘은 더 강하다. 반드시 꿈은 현실이 된다.

해피지기의 꿈

매월 1일이면 나에게 전화를 거는 스님이 계십니다. 스님은 학식도 덕망도 있으신 분인데 꼭 1일 날 전화를 하셔서 한 달 동안 일어난 크고 작은 일들을 이야기 하십니다. 스님은 나와 전화를 하고 나면 충전이 되는 것처럼 느껴져 한 달 동안 기분이 좋다고 고맙게 말씀하십니다.

늦게 아이를 낳아 열심히 키우고 있는 한 자모님이 어느 날 "꿀맛 선생님과 전화하고 나면 기분이 좋아져요" 하길래 스님 이야기를 해 드렸더니 "그럼 저는 매월 2일 날 전화 할게요" 해서 둘이 한참 웃었습니다.

전화를 끊고 생각했습니다. '내 목소리가 다른 사람을 즐겁게 하나? 철없이 통통 튀는 목소리여서 기분이 좋게 느껴지나?' 갑자기 남편의 투덜거림이 떠오릅니다. "물가에 내놓은 애 같아서 원. 세상이 그렇게 호락호락한 줄 아냐. 세상 물정이라곤 하나도 모르고 모두 저 같은 줄 알지. 쯔쯧" 어떨 땐 혀까지 끌끌 찹니다.

내가 믿는 내 엄마도 "나이는 어디로 먹고 생각하는 게 철부지냐"라고 말씀하십니다. 친한 친구들에게 "저 친구는 저 점이 좋고 저 집 음식은 이래서 좋다"고 말하면 "네 눈에 뭐가 나쁘겠니?" 합니다. 그런데 신기한 건 정말 내 눈에는 나쁜 것보다 좋은 게 먼저 보이고 더 크게 보이고, 나쁜 건 뒤에 숨어 잘 보이지 않습니다.

뭐든지 내 식으로 좋게 해석해서 곤궁에 처한 적도 있습니다. 아주 부끄러워 잊고 싶은 기억인데요, 신혼 때 남편 회사 직원들과 부부 동반으로 1박 2일 남이섬으로 여행을 갔습니다. 다음날 아침 식사를 마친 후 내가 설거지 담당을 하게 되어 수돗가에서 설거지를 하고 있는데 남편의 동료가 '영지벌꿀'이라고 쓰인 작은 병을 갖다 주고 가길래 아무 생각 없이 마셨습니다.

'아침 일찍 대표로 수고한다고 피로 회복 하라는 뜻인가 보다. 내가 설거지를 하고 있으니 뚜껑을 미리 따줬네, 고마워라. 근데 맛이 걸쭉하네, 원액인가?' 이렇게 생각하고 조금도 의심 않고 원샷으로 마셔 버렸습니다. 설거지용 퐁퐁이었던 거예요. 그날 토하고 물 마시고 또 토하고……. 덕분에 내장까지 깨끗이 퐁퐁을 풀어 청소 잘 했습니다.

나라면 "수고 많으십니다~ 설거지용 퐁퐁입니다~" 한마디 해주었을 텐데 내 남편처럼 자상하지 않은 그 동료 덕분에 나는 그 후 뭐든지 함부로 안 먹고 확인해 보아야 한다는 걸 교훈으로 얻었습니다.

믿어서 손해본 건 또 있습니다. 다음 달 준다 해서 믿고 돈을 빌려줬는데 아직도 못 받은 게 더러 있습니다. 그러나 제가 믿는 신념이 있습니다. 어느 책에서 읽은 글인데요, "우리들은 대개 새로운 사람을 만나거나 새로운 정보를 받아들일 때 여과망을 만듭니다. 그 여과망은 때로는 너무 성글어서 나한테 꼭 필요한 것도 통과시켜 버리기도 하지요. 그러므로 새로운 정보를 받아들일 때는 그물망을 촘촘히 해놓고 살펴보는 지혜가 필요합니다. 나에게 꼭 필요한 것을 빠뜨리지 않도록 주의해야 합니다"

계산해 보면 믿어서 손해본 것보다 믿어서 이익을 본 것이 훨씬 많아서 앞으로도 사람이나 사물의 좋은 면을 보고 좋게 생각하는 습관을 갖고 나한테 혹시 필요한 정보일까 갸웃거리는 성격을 그대로 고수할 거라 마음먹습니다.

어느 새 책을 네 권째 쓰게 되었습니다. 이제 작가라는 호칭을 들어도 덜 부끄럽습니다. 강사라는 내 꿈을 현실이 되게 해주신 고마운 21세기북스의 나은경 과장님께로부터 어느 날 책을 내보자는 제안을 받았을 때 저는 속으로 덜덜 떨었습니다. 책은 특별한 사람만 쓰는 거라 생각했거든요. 그나마 육아서란 내가 키운 아이들의 이야기를 있는대로만 적으면 되는데 자신의 삶의 철학과 같은 이야기를 써낼 만한 지식과 지혜가 있을까 하고 처음엔 걱정이 되었습니다.

그러나 글을 적으면서 나는 많이 놀랐습니다. 작은 누에고치 속에 1킬로미터도 더 되는 가는 실이 숨어있듯이 아무 생각 없이 철부지처럼 사는 내 안에 나도 모르는 나만의 철학들이 나름의 질서를 갖고 반듯하게 정리되어 있었다는 것을 알고 놀랐습니다. 모든 나의 행동에 내 식의 이유와 목적이 분명히 있었다는 것을 알고 기특하다 칭찬해 주었습니다. 지식이 많지는 않지만 세상을 살아오면서 보고 배우고 느낀 고마운 지혜들이 나에게 있었음을 알고 대견하기도 했습니다.

남편과 엄마가 걱정하듯 무지한 철부지가 아니라 내가 꿈꾸는 모습을 갖고 있는지도 모른다고 자위하였습니다. 나는 순진하기보다 순수한 사람이고 싶었습니다. 몰라서, 경험해보지 않아서, 늘 보호만 받고 자라 '예쁘고 고운 여인'이기보다 알고 있지만 옳지 않아서 행하지 않고, 경험해보니 좋지 않아서 피하고 보호해줄 곳 있지만 내 삶의 주인은 나이니 스스로 겪어보고 싶어 즐거이 세상 구경을 나서서 알아보는 그런 '들꽃처럼 강하나 맑은 여인'이 되고 싶었습니다. 어떤 색이나 선명하게 드러나 보여 스며들지 못하는 흰색이 아니라 세상의 모든 색을 있는 그대로 받아들여 통과시킬 수 있는 무채색 여인이 되고 싶습니다.

이제 나는 새로운 꿈 하나를 꿉니다. 세상의 모든 사람들이 함께 행복할 수 있도록 그들도 나처럼 스트레스 제로의 건강한 정신을 만들어갈 수 있도독 돕고 싶습니다. 그들의 아픈 점을 듣고 해결해 갈 수 있게 힘을 주는 행복지기가 될 것입니다. 각 가정을 행복의 낙원으로 만드는 소망을 엄마들과 나누고 싶습니다.

엄마가 행복해야 가정을 낙원으로 만들어갈 수 있으니까요. 끝으로 부족한 제 글을 정성껏 책으로 엮어주신 21세기북스의 탁수진 팀장님, 최인수 선생님께 감사드리며 행복한 가족을 꿈꾸는 대한민국의 모든 엄마들에게 이 책이 행복 비법의 묘안을 제공해 줄 수 있기를 간절히 바랍니다.

백봉산 바라보며

최연숙 올림